Ilse Kutschera · Christine Brugger

Was ist nur los mit mir?

10. Auflage

Autorinnen: Dr. med. Ilse Kutschera, Christine Brugger
Umschlaggestaltung: Buchbüro Leeb

Verlag: Buchschmiede von Dataform Media GmbH, Wien

ISBN: 978-3-99093-841-6 (Paperback)
ISBN: 978-3-99093-842-3 (Hardcover)
ISBN: 978-3-99093-843-0 (e-Book)

Printed in Austria

Ilse Kutschera · Christine Brugger

Was ist nur los mit mir?

Krankheitssymptome und Familienstellen

Mit einem Vorwort von
Bert Hellinger

Die in diesem Buch dargestellten Zusammenhänge zwischen Krankheiten beziehungsweise Symptomen und familiären Verstrickungen dienen der Aufklärung und Information. Sie haben für den jeweils beschriebenen Fall ihre Gültigkeit, sind aber nicht ohne weiteres auf andere Personen übertragbar. Die Fallbeispiele ersetzen keinen medizinischen Rat. Für eine korrekte Diagnose und entsprechende Behandlung muss stets eine qualifizierte Fachperson aufgesucht werden.

*Für unsere Familien, in Liebe
und Dankbarkeit*

Inhalt

Vorwort von Bert Hellinger

Liebe Ilse Kutschera,

dein Buch hält, was sein Titel verspricht. Du kommst sofort zur Sache und immer anschaulich. Obwohl du aus langer ärztlicher und psychotherapeutischer Erfahrung eine Fülle von Einsichten in das Zusammenwirken von Seele und Leib ordnest und zusammenfasst, reiht sich Geschichte an Geschichte. Fast unmerklich findet sich der Leser an der Hand genommen und in einen Prozess geführt, der ihm Lösungen ermöglicht, die ihm bisher unzugänglich waren. Am Ende fühlt er sich bereichert und gesünder und freier als vorher.

Das Besondere an diesem Buch ist die Fülle an Beispielen, wie Krankheitssymptome, konkrete Ereignisse in der Familie verleiblichen und wie diese über das Familienstellen ans Licht gebracht, gewürdigt und dadurch überflüssig werden können. Sie dürfen sich dann zurückziehen und verschwinden. Bisher ist das, soweit ich weiß, noch nie so genau gesehen und so anschaulich dargestellt worden. Dieses Buch ist eine Pionierleistung ersten Ranges. Neben der Fülle an neuen Einsichten, die es vermittelt, beschreibt es auch die konkreten Schritte, die zu neuen und oft überraschenden Lösungen führen.

Ich freue mich, dass du dieses Buch geschrieben hast. Es wird vielen Hilfe und Heilung bringen.

In herzlicher Verbundenheit
Bert Hellinger

Einleitung

Ich bin Ärztin geworden, um Leiden zu verringern. Durch meine Ausbildung lag mein Haupt-Augenmerk auf der Schulmedizin. Während meiner Tätigkeit am Krankenhaus stellte ich mehr und mehr fest, dass mir der schulmedizinische Ansatz nicht genügte. Im Umgang mit den Patienten erkannte ich sehr bald, dass Krankheit und Leiden nicht nur medizinisch diagnostizierbare Ursachen haben, sondern vielschichtiger zu sehen und zu behandeln sind.

»Was ist nur los mit mir?« wollen viele Patienten wissen, die mit ihren Symptomen und Krankheiten von einem Arzt zum anderen laufen und keine Linderung erfahren. Von meinem Vater, meinem ärztlichen Vorbild, habe ich gelernt, dass jeder Patient in seiner Einmaligkeit ernst zu nehmen ist. Die Basis seiner Arbeit war, auf das Wesentliche zu schauen, so lange zu fragen, bis das Vordergründige zurück- und die Komplexität der Krankheit zutage tritt. So führte mein Interesse neben der Schulmedizin fast zwangsläufig zur Psychotherapie.

Auch ich stellte mir in meinem Leben immer wieder die Frage: »Was ist nur los mit mir?« Neben der ärztlichen Auseinandersetzung mit der Psychotherapie begleitete mich die psychotherapeutische Selbsterfahrung mein Leben lang. So kam ich zu Bert Hellinger. Ich lernte ihn 1975 im Rahmen eines psychotherapeutischen Seminars kennen. Seine exakte Wahrnehmung und die Fähigkeit, das Wesentliche rasch und klar zu erkennen, faszinierten mich. Über einen Zeitraum von 27 Jahren nahm ich an vielen Seminaren teil. In dieser Zeit konnte ich seine therapeutische Entwicklung bis hin zum Familienstellen und zu den »Bewegungen der Seele« miterleben.

Wie die gute Medizin basiert auch die gute Psychotherapie auf dem Erkennen, »was mit dem Patienten wirklich los ist«. Meiner Erfahrung nach ist das Familienstellen im therapeutischen Kontext die effektivste Methode, um das Wesentliche für den Klienten deutlich zu machen. Hier spielt das Unbewusste die entscheidende Rolle. Da systemische Verstrickungen unbewusst sind, bedarf es einer therapeutischen Methode, um diese ans Licht zu bringen. Bert Hellinger hat beobachtet und beschrieben, wie unsichtbare Bindungen in Familien über Generationen hinweg wirken. Er hat mit dem Familienstellen eine Methode entwickelt, die diese Bindungen und die dahinter liegende Grunddynamik ans Licht bringt und damit oft Heilung ermöglicht.

Beim Familienstellen kann ich meinen diagnostischen Blick, der durch die Schulmedizin geübt wurde, sinnvoll anwenden. Alles, was ich gelernt und erlebt habe, fließt in meine therapeutische Arbeit ein. Für mich ist es befriedigender, einen Weg aufzuzeigen, den der Klient selbst gehen kann, als ihn in die Richtung zu ziehen, von der ich denke, sie sei die richtige. Paracelsus sagt: »Der Patient ist sein bester Arzt und der Arzt sein Begleiter.«

Als Ärztin und Psychotherapeutin interessiert mich vor allem die Verbindung von Krankheit und Familie. Gerade bei akut bedrohlichen und chronischen Erkrankungen ist es wichtig, auf unbewusste Verstrickungen im Familiensystem zu achten. Somit führt der Weg zur Lösung der Frage »Was ist nur los mit mir?« vom Symptom zum Familiensystem und zurück.

Ich lege den Schwerpunkt des Buches auf Krankheit und Symptom, weil der Körper am unmittelbarsten den Bedürfnissen der Seele Ausdruck gibt. Werden seelische Bedürfnisse ignoriert, »beginnt der Körper zu schreien«. Scheinbar grundlos tauchen Symptome auf. Der Körper ist unser Gefäß, er ist alles, was wir haben. Oder: »Körper und Seele sind identisch«, wie Professor Pöppel sagt.

Unterstützt von Christine Schäffler schreibe ich dieses Buch, weil es mein tiefstes Bedürfnis ist, Kranken Mut zu machen, sich und ihre Seele besser kennen zu lernen und ein Gefühl für die Bedeutung von familiären Verstrickungen zu bekommen. Ich wünsche mir, dass mehr Kranke den Mut finden, mithilfe ihrer Krankheit oder durch ihre Krankheit ihr Leben zu erweitern und zu vertiefen.

Was ist wesentlich?

Krankheit und Symptom als Zeichen

Der Brockhaus definiert Symptom wie folgt: »(griechisch) das Anzeichen ... als subjektiv wahrgenommene Störung des Befindens.« Für mich sind Krankheiten und Symptome Anzeichen dafür, dass irgendetwas im Leben nicht »in Ordnung« ist, nicht stimmt. Dies drückt sich auf der körperlichen Ebene aus. Dabei ist es gleichgültig, ob ein organisch fassbarer Befund erhoben werden kann oder nicht.

Jede subjektiv wahrgenommene Störung des Befindens ist ernst zu nehmen. Seien es Schmerzen, für die es »organische Gründe« gibt oder nicht, oder Ängste, für die es reale Gründe gibt oder nicht. Unter »ernst nehmen« verstehe ich die Beachtung der körperlichen und der seelischen Ursachen und Folgen der Symptomatik. Dies gilt sowohl für die Betroffenen als auch für die Behandler. Als Kardiologin habe ich immer wieder erlebt, dass subjektives, reales Leiden nicht ernst genommen wurde, wenn kein organisch fassbarer Grund gefunden wurde.

Eine 55-jährige Frau leidet seit eineinhalb Jahren unter sie sehr belastenden, immer wiederkehrenden Schmerzen und Engegefühlen in der linken Brusthälfte. Deswegen kommt sie zur Herzkatheteruntersuchung in die Universitätsklinik. Bei der Untersuchung zeigt sich, dass Herz und die Koronargefäße vollkommen intakt sind. Der behandelnde Arzt sagt der Patientin voller Freude: »Ihr Herz ist gesund!« Zu seiner Überraschung reagiert die Patientin mit Zorn. Sie ist empört über das Untersuchungsergebnis, wo sie doch täglich unter Schmerzen leidet. Dieser Fall zeigt, dass der organische Befund und das subjektive Leiden sehr weit auseinander liegen können. Richtig wäre gewesen, sich nach der Herzkatheteruntersuchung Zeit für die Patientin zu nehmen. Der Arzt hätte ihre Schmerzen ernst nehmen und mit ihr gemeinsam nach anderen möglichen Ursachen suchen sollen, wie zum Beispiel belastende Situationen mit Kindern, Partnern usw.

Leider beobachte ich noch immer, dass Symptome, deren Ursache organisch begründet werden können, von Ärzten und Patienten als therapiebedürftiger erachtet werden. Diese Wertigkeit zeigt sich auch im allgemein üblichen Abrechnungssystem der gesetzlichen Krankenkassen. In der Regel fällt es sehr viel leichter, teure diagnostische Maßnahmen wie Kernspintomographie oder Herzkatheter zu verschreiben, als einen Kostenersatz für Psychotherapie durchzusetzen. Kassenärztlich genehmigte Psychotherapie setzt in Deutschland ein Gutachten des behandelnden Arztes voraus; um diagnostische Maßnahmen zu verschreiben, reicht die fachärztliche Qualifikation aus.

Will man sich der Charakteristik von Schmerzen annähern, ist es wichtig zu abstrahieren: Die Steuerzentrale für Schmerzen jeglicher Ursache ist unser Gehirn. Egal, ob der Kopfschmerz organisch oder psychisch bedingt ist – der Schmerz wird über die Nerven transportiert und im Gehirn wahrgenommen und interpretiert. Schmerz ist daher immer subjektiv. Das beste Beispiel sind Rückenschmerzen. Degenerative Veränderungen der Wirbelsäule können große oder keine Schmerzen verursachen, natürlich mit allen Abstufungen dazwischen.

Eine Frau fuhr zu ihrem Patenkind, zu dem sie eine sehr liebevolle Beziehung hat. Deren Ehe war in einer Krise, da die junge Frau einen Geliebten hatte. Der Tante gelang es, mit beiden Ehepartnern ein konstruktives Gespräch zu führen. Die Nichte und ihr Mann waren danach motiviert, an ihrer Beziehung zu arbeiten. Am nächsten Morgen hatte die Tante unerträgliche Rückenschmerzen. Sechs Wochen später waren die Rückenschmerzen trotz verschiedener Behandlungsmethoden unverändert. Die Tante entschloss sich zu einer Aufstellung, in der nur ein Stellvertreter für das Symptom und eine Stellvertreterin für sie aufgestellt wurde. Nach der Aufstellung war die Tante schmerzfrei. Aus systemisch-therapeutischer Sicht würde ich die Rückenschmerzen als übernommenen Schmerz diagnostizieren. Die Konsequenz des Gespräches musste zur Trennung von dem Geliebten führen. Dies war für die junge Frau schmerzhaft und die Tante wollte ihr diesen Schmerz aus Liebe abnehmen. Wie jedes übernommene Gefühl geschah das unbewusst.

Das Leiden

Zu mir kommen oft Menschen, die ihr Leid abliefern wollen und sagen: »Bitte machen Sie mich wieder gesund«. Hier ist es meine Aufgabe, dem Patienten erst bewusst zu machen, dass auch er bei organischen Erkrankungen aktiv am Prozess der Gesundung mitarbeiten muss. Diese Aufforderung stößt oft auf Unverständnis: »Sie müssen doch wissen, was für mich das Richtige ist«, habe ich oft von Patienten gehört. In die Psychotherapie dagegen kommen meistens Menschen, die etwas für sich erreichen und verändern wollen und die häufig sehr motiviert sind.

Obwohl es in unserer Gesellschaft den meisten objektiv gut geht, leiden viele Menschen. Beruflich war ich immer mit dem Leiden konfrontiert und bin es noch. Ich habe viel darüber nachgedacht, warum meine Klienten und Patienten das Leiden oft geradezu festhalten. Zwangsläufig führte mich dieses Nachdenken zum Betrachten des Leidens in der christlichen Religion. Sinngemäß zusammengefasst könnte man sagen: »Wenn ich leide, bin ich ein guter Mensch und werde erlöst.« Und wer will nicht ein guter Mensch sein und erlöst werden?

Dazu ein persönliches Erlebnis mit Bert Hellinger. Er fragte mich in einer Gruppe: »Was passiert, wenn du genug gelitten hast?«, worauf ich antwortete: »Ja, dann werde ich erlöst.« Bert Hellingers Reaktion darauf war sehr ernüchternd: »Genau das ist die Illusion.«

Die Erlaubnis zu leiden ist meiner Beobachtung nach viel verbreiteter als die Erlaubnis, glücklich zu sein. Menschen bekommen Angst, wenn sie Glück haben oder wenn sie sich glücklich fühlen. Da dieses Denken schon seit zweitausend Jahren wirkt, scheint es besonders schwer, die Bereitschaft zum Leiden aufzugeben.

Nelson Mandela beschreibt dieses Phänomen folgendermaßen: »Unser Licht und nicht unsere Dunkelheit schreckt uns am meisten. Wir fragen uns: Wer bin ich denn, dass ich brillant, fabelhaft und gesund sein soll? Aber mal ehrlich, gibt es einen Grund, es nicht zu sein? ... Das Licht ist nicht nur in einigen von uns, sondern in jedem einzelnen. Wenn wir unser Licht leuchten lassen, geben wir unbewusst anderen Menschen die Erlaubnis, es uns gleich zu tun«.

»Jeder Mensch hat die Fähigkeit zum Glücklichsein«, ist eine Grundthese meiner therapeutischen Arbeit. In der Familienaufstellung kann der Klient das Leid dort lassen, wo es hingehört und erleben, dass andere sich an seinem Glück freuen. Dieser Moment ist sehr berührend. Durch die Freude der Eltern, Großeltern, Geschwister etc. wird die Erlaubnis des Individuums zum Glücklichsein verstärkt.

Die Faszination der Opferrolle

»Warum ist es so schwer, die Opferrolle und damit das Leiden aufzugeben?«, habe ich mich oft in meiner therapeutischen Arbeit gefragt. Es gibt verschiedene Erklärungsansätze, die alle mehr oder weniger unbewusst ablaufen, wobei die Grenzen fließend sind:

1. Das Leiden ist zu einem vertrauten Gefühl geworden, man hat sein Leben damit eingerichtet. Diese Gewohnheit ist so vertraut, dass man sich, obwohl man leidet, damit wohl fühlen kann. Das Ende des Leidens bedingt eine Veränderung der Gewohnheit. Diese Veränderung kann durch bewusste Entscheidungen oder durch schicksalhafte Ereignisse herbeigeführt werden.
2. Das Leiden ist für manche Menschen scheinbar die einzige Möglichkeit, sich intensiv zu spüren. »Ich leide, also spüre ich mich, also lebe ich!« Das Leiden wird zur intensivsten Erfahrung von Lebendigkeit. Leiden und Lebendigkeit scheinen sich zu widersprechen, dennoch ist dieses Paradox sehr oft zu beobachten. Oft klagen Klienten, nachdem sie sich von ihrem Leid »verabschiedet haben«, über ein Gefühl der Leere, das schwer zu ertragen ist.
3. Leiden wird, wie im klassischen Fall des Krankheitsgewinns, »belohnt«. Solange man leidet, bekommt man mehr Liebe, Aufmerksamkeit und Zuwendung. Durch die Krankheit, zum Beispiel einen Herzinfarkt, wird man wichtiger. Alles dreht sich nur noch darum.
4. Das Leiden erhebt den Leidenden in eine bessere Position. Weil er leidet, fühlt er sich besser als seine Mitmenschen und daraus entsteht ein Anspruch, der meist unbewusst ist. Weil dieser Anspruch unangemessen ist, kann er nicht erfüllt werden, wodurch die Opfer- und Leidensrolle wieder verstärkt wird. »Keiner versteht mich« oder »Alle sind gegen mich« sind die Grundüberzeugungen von solchen »chroni-

schen« Opfern, die im Teufelskreis des Leidens gefangen bleiben. Vor allem im Christentum hat das Leiden für andere einen hohen Stellenwert. Märtyrertum ist bekanntermaßen eine gute Voraussetzung für Heiligsprechung.

5. Leiden kann gesellschaftlich anerkannt sein und das Zugehörigkeitsgefühl zu einer Gruppe bedingen. Die »armen, verlassenen Frauen« werden von der Gesellschaft oberflächlich bemitleidet, wohingegen die »verlassenen Männer« noch keinen gesellschaftlich anerkannten Anspruch auf ihr Leid haben. Die »verlassenen Frauen« bilden eine Gruppe, die sich gegenseitig bedauert, bestätigt und motiviert. Verlässt frau die Rolle des Opfers, gehört sie nicht mehr zu dieser Gruppe. Auch Selbsthilfegruppen sind, bei allen sinnvollen Aspekten, in dieser Weise gefährdet. Die Gruppenidentität schreibt oft vor, dass man nur teilhaben kann, wenn man leidet.
6. Leiden wird meist charakterisiert durch Passivität. Den passiven Zustand zu verlassen bedeutet, aktiv zu werden und von der Opferrolle in die Täterrolle zu wechseln. Täter sein bedeutet in diesem positiven Kontext, Verantwortung zu übernehmen und »zur Tat zu schreiten«. Ich konnte beobachten, dass bei familiären Verstrickungen mit Schuld in früheren Generationen (Mord, Enteignung ...) die Leidenden eine starke Hemmung haben, aktiv zu werden. Erfolglosigkeit und Arbeitslosigkeit sind in diesen Fällen Symptome. Das Festhalten an der Opferrolle dient dazu, »nicht so zu werden wie die Väter oder Großväter«.
7. Leiden kann, missverständlich interpretiert, die eigene Unschuld wiederherstellen. Aus Angst, die Täterschaft anzuerkennen, flüchtet man sich in die Opferrolle und wird scheinbar wieder unschuldig. Als Beispiel möchte ich hier die Rolle vieler Menschen im Dritten Reich nennen, die nach dem Krieg in die Opferrolle gewechselt sind und »nicht dabei waren«. Hier ist die Opferrolle fast so etwas wie

ein Massenphänomen und war lange gesellschaftlich anerkannt. Dieses »Nicht-Anerkennen« der eigenen Schuld bewirkt bei den nachfolgenden Generationen wiederum Leiden.

8. Als Ausgleich für die »nicht anerkannte« Schuld der Täter in früheren Generationen fühlen sich die nachfolgenden Familienmitglieder oft grundlos schuldig. Aus Loyalität mit den Opfern der Täter fühlen sie sich als Verräter, wenn sie diese Rolle aufgeben. Erst wenn die Liebe zum Täter und das Mitgefühl mit den Opfern Raum bekommen, kann die Tat beim Täter gelassen werden und damit der Zwang, sich zu opfern, gelöst werden.
   Für die Nachkommen von Opfern gilt: Auch sie bleiben aus Loyalität zu ihren Vorfahren in der Opferrolle. Die Symptome dieser Leidenden sind ähnlich, nämlich schwere Formen von Krankheiten und Depression.

Ergänzend sind die Formen des »sich Opferns« zu nennen, die durchaus vielen Menschen nützen. Dazu gehören für mich der Einsatz von »Ärzte ohne Grenzen«, von Katastrophenhelfern jeglicher Organisationen, Caritasmitarbeitern etc., um nur einige Beispiele zu nennen. Das Ziel dieser oft ehrenamtlich oder minimal entlohnten Helfer ist »etwas Gutes zu tun«.

Was bewegt eine junge Frau dazu, als Krankenschwester inmitten eines Minengebietes in Angola zu arbeiten? Was bewegt eine 39-jährige Lehrerin dazu, in Afrika, Analphabetinnen zu unterrichten? Beide verzichten vielleicht auf persönliche Sicherheit, Geld, u.U. Familie und Partnerschaft, um bedürftigen Menschen zu dienen. Das Opfer wird zum Dienst. Vielleicht als eine Art Wiedergutmachung im eigenen System oder in einem größeren gesellschaftlichen Zusammenhang. Inwieweit dieser Dienst heilend auf das System wirkt, kann die Familienaufstellung zeigen.

Der Sinn von Krankheit

Ich bin davon überzeugt, dass für jedes Symptom und für jede Krankheit ein Sinn gefunden werden kann. Dieser Sinn ist jedoch nicht allgemein gültig, sondern immer subjektiv und entsteht abhängig von der Situation des Patienten und seinen Beziehungen im System. Man kann daher nicht sagen: »Kopfschmerzen bedeuten, du zerbrichst dir über etwas den Kopf.« Vielmehr können Kopfschmerzen ganz verschiedene Dinge bedeuten, je nachdem, unter welchen Bedingungen der Mensch diese Kopfschmerzen hat und welche Wirkungen für ihn und für seine Umgebung daraus resultieren. Der Sinn einer Krankheit kann nicht verallgemeinert werden, da er individuell verschieden ist. Ich möchte sogar noch einen Schritt weiter gehen und behaupten, dass der Patient in seiner Krankheit einen Sinn finden kann. Diese Sinnhaftigkeit kann mithilfe des Familienstellens bewusst werden.

Im Umgang mit diesem Sinn gibt es Grundregeln, jedoch kein Schema, wie man die Sinnhaftigkeit des Symptoms in heilende Kraft umwandeln kann. Oft wird die Suche nach dem Sinn einer Krankheit gemäß unserem modernen Leistungsprinzip: »Wenn du schon krank bist, musst du etwas lernen«, missverstanden.

Eine solche aufgezwungene, schematische Sinnhaftigkeit kann unter Umständen Schuldgefühle verstärken, mehr aber nicht. Der Sinn, den ich beim Familienstellen gesehen und erlebt habe, geht weit darüber hinaus. Er ist Ausdruck von Verstrickungen, die aus Liebe entstehen. Also etwas ganz anderes als »lernen müssen« im Sinne von »leisten müssen«.

Krankheit und Tod

Ob eine Krankheit potenziell tödlich ist wie Krebs oder »nur« Leiden verursacht wie beispielsweise Neurodermitis, macht einen entscheidenden Unterschied. Dieser Unterschied besteht im Bewusstwerden der Endlichkeit des Lebens. Potenziell tödliche Erkrankungen sind immer ernster, weil sie näher am Tod sind. In der Regel kann man sagen, je ernster die Krankheit, desto tiefer die Verstrickung und desto größer die Loyalität zum System. Die therapeutischen Möglichkeiten sind in diesen Fällen begrenzt und ich habe in solchen Situationen lernen müssen, das Unabänderliche zu respektieren, was mir als Ärztin und Therapeutin immer wieder sehr schwer fällt.

Bei einer schweren, vielleicht sogar tödlichen Krankheit kann es heilsam sein, anzunehmen, »was ist«. Ist Heilung nicht möglich, kann dennoch etwas Entscheidendes in der Haltung des Patienten verändert werden. Sobald der Patient anerkennt, dass seine Krankheit zum Tode führt, lebt er viel intensiver, viel klarer, viel reicher, solange er noch leben kann.

Erst bei der Begleitung von todkranken Patienten wurde mir wirklich bewusst, dass wir alle sterben müssen, ob wir nun eine organische Krankheit haben oder nicht. Ich habe von diesen Kranken gelernt, dass das Hinschauen auf den Tod das Leben intensiviert. Die Qualität des Lebens kann sich durch das Annehmen der Endlichkeit verändern, ebenso wie die Qualität des Abschieds und des Sterbens.

Dazu ein Beispiel:

> In einer Aufstellung mit einer schwer herzkranken Klientin wurde die Klientin, der Tod und das Leben aufgestellt. Das Leben konnte erst dann freundlich auf die Klientin schauen, als der Tod gewürdigt wurde. (Ausführliche Beschreibung siehe Seite 113.)

Die Bedeutung von Tod

Nach der Geburt ist der Tod das Wichtigste im Leben. Dazu ein Zitat von Bert Hellinger: »Die Bindung gehört zur Freiheit wie die Grenze zur Fülle.« Wenn ich den Tod als Grenze des Lebens ansehe, was er ja unserer Beurteilung nach ist, dann ist die Bewusstheit dieses Endes die Voraussetzung, um die Fülle des Lebens genießen und leben zu können. Ich habe immer wieder Menschen erlebt, die gesagt haben: »Wenn ich sechzig bin, dann mache ich das« oder »wenn ich in Pension bin, dann werde ich jenes tun«. Viele Menschen schieben das Leben auf diese Art hinaus, statt täglich zu leben. In der Regel ist es nicht möglich, mit der Pensionierung den Schalter umzulegen. Man ist »danach« ebenso wenig in der Lage, sein Leben zu genießen, wie »davor«. Manchmal verhindert der Tod solche Pläne, da der Lebenssinn mit der Beendigung der Arbeitsphase vorbei zu sein scheint. Das Erkennen der Endlichkeit lässt nicht nur Traurigkeit über Vergangenes und »Nicht-Gelebtes« zu, sondern ermöglicht auch das Genießen der Fülle und damit das »Leben in jedem Moment«.

Tod ist ein Angstthema, ein Tabuthema. Beim Familienaufstellen geht man ganz normal mit dem Tod um, man holt ihn in die Szene, denn er ist unentrinnbar und Teil unseres Lebens. Stellt man sich dem Tod, so zeigt sich, dass er freundlich und nicht böse ist. Im Schubertlied *Der Tod und das Mädchen* sagt der Tod zu einem jungen, sterbenden Mädchen: »Sei guten Mutes, ich bin nicht wild, sollst sanft in meinen Armen schlafen.«

Bei meinen ersten Familienaufstellungen hatte ich Angst, den Tod aufzustellen. Nachdem ich mich selbst mit der Endlichkeit des Lebens auseinander gesetzt hatte, konnte ich mit diesem Thema und dieser Figur umgehen. Häufig wirkt das Aufstellen des Todes sogar als sehr erlösendes Element. Der Tod zeigt sich immer ungerührt und freundlich.

Dazu ein Beispiel von zwei Männern, beide Krebspatienten im Endstadium der Krankheit.

> Einer, 45 Jahre alt, Vater von fünf Kindern, der andere erst 32 Jahre alt und Vater eines kleinen Kindes. In den Aufstellungen wurde klar, dass der Tod da ist und dass sie sterben werden. Das wussten die beiden Männer bereits vorher. Neu für sie war, die Freundlichkeit und den Frieden des Todes zu erleben. Beide Ehefrauen erzählten später, dass die Männer friedlich zu Hause gestorben sind, ohne Qual und ohne lebensverlängernde Intensivversorgung.

Besonders tragisch ist der Verlust eines Kindes im Familiensystem. Auch hier wirkt die Familienaufstellung versöhnend mit dem Schicksal. Nachdem die trauernden Eltern erlebten, dass der Tod in diesem Augenblick unausweichlich war und eine neue Dimension eröffnete, konnten sie sich friedlich und stimmig von ihrem Kind verabschieden. Diese Stimmigkeit zu erklären, ist fast unmöglich, ich will es mit dem folgenden Fall dennoch versuchen:

> Eine Frau verlor ihren einzigen Sohn mit 15 Jahren bei einem Unfall. Er wurde von einem Bus überfahren und getötet. Die Mutter war voller Hass auf den Busfahrer. In der Aufstellung stellte ich den Tod des Kindes hinter den Busfahrer. So konnte die Mutter erleben, dass der Tod des Kindes eine andere Dimension einnimmt, der Busfahrer wurde zum Ausführenden einer Dimension, die wir nicht verstehen, der wir nur zustimmen können. Diese Betrachtung stimmte die Mutter sehr friedlich, der Hass auf den Busfahrer verschwand und die Mutter wurde ruhig.

Bevor ich die Aufstellung anleitete, kam ich in Konflikt mit meiner therapeutischen Aufgabe. War es richtig, die trauernde Mutter mit diesem schrecklichen Ereignis zu konfrontieren, oder würde dies ihre Belastbarkeit übersteigen? Das Ergebnis der Aufstellung zeigte, dass gerade das Zumuten des Unabänderlichen, dessen »was ist«, den Frieden bringt.

Die Bedeutung von Gesundheit

In einer Fortbildungsgruppe für Ärzte machten wir die erstaunliche Erfahrung, dass wir alle mit dem Begriff Gesundheit große Schwierigkeiten hatten, obgleich wir durch unsere berufliche Tätigkeit Gesundheit fördern wollen.

Wie können wir etwas fördern, von dem wir gar nicht wissen, was es ist? Daraus resultierte eine intensive Diskussion über die Frage: »Was ist Gesundheit?« Einig waren wir darin, dass Gesundheit in erster Linie ein subjektives Wohlbefinden ist, das heißt, der Patient kann sich auch in Anwesenheit von Krankheit und Symptomen gesund fühlen. Gesundheit und Krankheit müssen also im subjektiven Erleben kein Widerspruch sein und stellen nicht – wie oft geglaubt wird – eine Polarität dar.

Meine Definition von Gesundheit ist: *Ich bin gesund, wenn ich mit meinen Fähigkeiten und Möglichkeiten so lebe, dass ich mit mir und mit meinen Beziehungen zu anderen Menschen zufrieden bin.* Organische Gesundheit kann, sehr plakativ gesagt, sekundär sein. Dazu möchte ich ein Beispiel erzählen:

Ich war Assistentin an einer Universitätsklinik in München. Eine Patientin kam einmal im Monat zum Aderlass zu mir, sie hatte einen angeborenen Herzfehler und war zweimal operiert worden. Man konnte sie nicht noch einmal operieren und sie wusste, sie hatte nicht mehr lange zu leben. Sie wusste auch, dass sie keine Kinder bekommen durfte, das würde für sie den Tod bedeuten. In ihrem Leistungsradius war sie sehr eingeschränkt, so musste sie beim Treppensteigen nach jeder zweiten Stufe anhalten, um Luft zu holen.

In einer Vorlesung wurde sie den Studenten vorgestellt. Mein damaliger Chef fragte die Studenten anschließend, was ihnen an der Patientin auffiele. Die Studenten beschrieben die organischen Symptome. Dann fragte er die Patientin nach ihrem Lebensstil, worauf sie antwortete, sie sei glücklich verheiratet, sie dürfe keine Kinder bekommen, aber sie habe in ihrem Freundeskreis viele Kinder. Die Patientin wirkte bei der Befragung sehr zufrieden und ausgeglichen. Nach der Vorstellung wurde sie hinausgeschickt. Der Professor fragte nun die Studenten: »Und jetzt möchte ich wissen, was war das Wesentliche, das sie an dieser Frau gesehen haben?« Die Studenten konnten es nicht wirklich benennen. Worauf der Professor selbst die Antwort gab: »Ich werde es Ihnen sagen. Diese Frau hat den Grenzen ihres Lebens zugestimmt und ihr Leben so ausgefüllt, besser als viele, die organisch gesund sind.«

Eine Deutung, die oftmals nicht in unsere Zeit zu passen scheint, denn bei uns steht Gesundheit meist auf einer Stufe mit Fitness und Vitalität. Dieser Gesundheitsbegriff impliziert den Traum von ewiger Jugend und Leistungsfähigkeit und negiert die Endlichkeit des Lebens. Denn unser Leben ist von der Geburt bis zum Tod eine Entwicklung, der es zuzustimmen gilt. Was wir aber in der Regel tun, formulierte Bert Hellinger sehr treffend: »Während wir dem Tod davonrennen, rennen wir ihm in die Arme.«

Das Herz

Die häufigste Todesursache in Deutschland ist immer noch der Herzinfarkt. Trotz Aufklärung sterben jährlich 300 000 Menschen an koronaren Herzerkrankungen. Diese Zahl ist in den letzten zwanzig Jahren konstant geblieben, obwohl in Vorträgen und Veranstaltungen umfassende Aufklärung betrieben wird. Man fragt sich, warum? Eine mögliche Erklärung wäre die zunehmende »Herzlosigkeit« unserer Zeit. Ich beobachte, dass Gefühle wie Liebe und Treue verkitscht werden und an Tiefe verlieren. Demgegenüber steht das Grundbedürfnis des Menschen nach »nährender Liebe«, dem immer weniger in der »realen« Lebensplanung Raum gegeben wird. Die Sehnsucht nach Liebe wird erfolgreich vermarktet und mit Gier nach »immer mehr« und Konsum kompensiert.

Amerikanische Studien über die Persönlichkeitsstruktur von Herzinfarktpatienten zeigten als Hauptmerkmal »hostility« – übersetzt bedeutet dieser Begriff eine dauernde, latent vorhandene Aggressivität. Dieses Ergebnis deckt sich mit meinen Erfahrungen. Es scheint Herzpatienten leichter zu fallen, sich zu ärgern, als andere Gefühle wie Trauer und Freude zuzulassen. Woher kommt »hostility«? Meiner Meinung nach dient sie dem Schutz vor tiefer liegendem Schmerz. Manche meiner Patienten würden in letzter Konsequenz eher sterben, als sich ihrem Schmerz zu stellen.

Das folgende Beispiel veranschaulicht, wie das Erleben des Schmerzes um den frühen Tod der Mutter heilend sein kann.

1991 kam ein 52-jähriger Mann mit einer schweren koronaren Herzerkrankung zu mir. Von den drei Herzkranzgefäßen, die das Herz mit Blut versorgen, waren zwei verschlossen. Er lebte also von nur einem Herzkranzgefäß. Die empfohlene Operation wurde von dem Patienten abgelehnt. Meine Arzt-Kollegen prognostizierten ihm eine Lebenserwartung von nur einem bis zwei Jahren. Der Patient arbeitete als Patentanwalt und war verheiratet. Seine Frau hatte sechs Fehlgeburten, deshalb entschloss sich das Ehepaar, zwei Kinder zu adoptieren. Durch den Herzinfarkt des Klienten erfuhr die Ehefrau von der zweiten »Quasi-Ehe« ihres Mannes, die seit 18 Jahren bestand. Diese Entdeckung führte zu einer offenen Krise. Der Ehemann entschied sich, eine Psychotherapie zu beginnen. Natürlich hat er seine Doppelbeziehung rationalisiert. Die eine

Partnerin war eben die Hausfrau, die andere die Geliebte. Diese Rationalisierung hinderte ihn lange Zeit, seine Sehnsucht nach Liebe wahrzunehmen.

Therapieverlauf: Wenn ich mich an diesen Mann zurückerinnere, war der Beginn der Therapie für mich am eindrucksvollsten. Noch bevor der Klient Platz genommen hatte, sagte er, während wir uns zur Begrüßung die Hand gaben: »Jetzt kann ich es ja sagen, meine Mutter war Jüdin und starb 1936 mit 28 Jahren. Ich war damals zweieinhalb Jahre alt.« Der Klient blieb das einzige Kind des Vaters, obwohl dieser noch dreimal heiratete. In den folgenden zwei Jahren kam der Klient regelmäßig zur Einzeltherapie. Aus meiner Sicht war es in dieser Phase der Therapie am wichtigsten, meine Beziehung (Übertragungsmutter) zu ihm zu halten. In dieser Zeit gelang es dem Klienten nur sehr langsam, seine tiefe Sehnsucht nach Nähe zu spüren. Die Doppelbeziehung ermöglichte ihm, keine Nähe zulassen zu müssen und damit auch keinen Verlust zu riskieren. Indem ihm seine Sehnsucht bewusst wurde, erkannte er auch, dass seine Beziehung zu zwei Frauen die tiefe Nähe zu einer verhinderte.

Die Ursache für dieses Symptom liegt meiner Meinung nach im frühen Verlust der Mutter. Als Therapeutin würde ich sagen: »Er blieb seiner Mutter treu.« Unter allen Umständen versuchte er, einen erneuten Verlustschmerz auszuschließen. Die tiefste Liebe eines Kindes, nämlich die zu seiner Mutter, wurde durch deren Tod abrupt unterbrochen.

Begleitend zur Einzeltherapie nahm der Klient wiederholt an Gruppen für Herzpatienten teil, die vor allem die Selbstwahrnehmung förderten. Nach sechs Jahren war er endlich bereit, an einer Familienaufstellung teilzunehmen. So lange hatte es gedauert, bis er seine Angst vor dem Verlustschmerz überwinden konnte.

Aufgestellt wurden seine Mutter und er. Sie standen sich gegenüber. Die Stellvertreterin der Mutter breitete spontan ihre Arme aus und schaute liebevoll auf den Klienten. Für mich war offensichtlich, dass er zwischen seiner Angst und der Sehnsucht nach Nähe hin- und hergerissen war. Dieser »innere Kampf« dauerte einige Minuten. Dann stürzte er sich in die Arme der Mutter und weinte. Sie hielt ihn fest in ihren Armen und strahlte dabei. Die so früh unterbrochene Liebe zur Mutter konnte wieder aufgenommen werden. Damit war die Therapie, die sich insgesamt über sechs Jahre erstreckt hat, beendet.

Die Aufstellung liegt zehn Jahre zurück, der Patient lebt und genießt sein Leben, er hat Übergewicht und achtet im Übrigen nicht auf seine Cholesterinwerte.

Meine Hypothese zu diesem Fall ist, dass der Patient durch die Anerkennung und das Erleben dieses enormen Schmerzes über den Verlust der Mutter seine Liebe zu ihr wieder aufnehmen konnte. Die Liebe zwischen Kindern und Eltern ist ein emotionales Band, das auch über eine räumliche Trennung und über den Tod hinaus bestehen bleibt. Diese tiefe Bindung wirkt auf unser ganzes Leben und beeinflusst die Liebesfähigkeit zu anderen Menschen und damit alle künftigen Beziehungen und Partnerschaften.

Durch das Erleben des Schmerzes in der Familienaufstellung und die Wiederaufnahme der Liebe zur Mutter blieb der Klient gesund. Die unterbrochene primäre Liebe zur Mutter hätte ihn fast umgebracht, denn durch seinen Herztod wäre er ihr wieder nah gewesen.

Die Sehnsucht nach wirklicher Nähe kann er jetzt mit seiner Frau leben. Nun war er in der Lage, die Außenbeziehung langsam und friedlich zu beenden. Es wäre sinnlos gewesen, ihn zu einer Entscheidung für die eine oder die andere Frau zu zwingen, ohne ihn die Ursache seines Verhaltens erleben zu lassen.

Das Herz ist, wie wir hier sehen, nicht nur ein Symbol für Liebe, sondern ist organisch mit der Liebe verbunden. Wurde die Liebe unterbrochen oder, um mit Hellingers Worten zu reden, wurde die Hinbewegung unterbrochen, muss der Patient dort wieder anknüpfen, um wirklich geheilt zu werden. Als Kardiologin wünsche ich mir, dass diese Zusammenhänge mehr gesehen und behandelt würden. Die moderne Medizin kann Herzkrankheiten mechanisch sehr gut behandeln, was bei vielen Patienten jedoch die Haltung fördert: »Es ist ja nur mein Herz krank, sonst bin ich gesund. Sobald mein Herz repariert ist, ist alles in Ordnung.« Nachhaltig kann Heilung meiner Meinung nach aber nur sein, wenn mithilfe der Psychotherapie die systemischen Verstrickungen, die mit zur Erkrankung geführt haben, gelöst werden.

Beziehungen

Beziehungen im Familiensystem

Zu allen Zeiten war und ist Beziehung ein wichtiges Thema. Die Naturwissenschaft erkennt mehr und mehr, wie alles mit allem in Beziehung steht: in der Natur, im Menschen und auch wechselseitig. So können wir nur dadurch existieren, dass alle Organe miteinander im Einklang sind. Für das Wohl des Menschen muss jedes Organ in seiner Funktion und an seinem Platz seine Aufgaben erfüllen. Ähnlich verhält es sich in der Familie. Auch hier sind die Beziehungen und die Stellungen der einzelnen Familienmitglieder von ausschlaggebender Bedeutung für das Wohlergehen des gesamten Familiensystems.

Ein krankes Herz steht in Beziehung zum ganzen Körper und beeinflusst die Funktionen anderer Organe wie Nieren, Lunge und Gehirn. Ebenso beeinflusst die Krankheit eines Menschen alle Beziehungen in seinen sozialen Systemen wie Familie, Freunde und Beruf. In der Schulmedizin stellte ich immer fest, dass diese Beziehungen ignoriert wurden. So betrachtet die schulmedizinische Anamnese in erster Linie das Symptom und im Idealfall den Patienten als Individuum. Kaum beachtet wird, wie die Krankheit oder das Symptom die Beziehungen des Patienten zu Partner oder Partnerin, zu seinen Kindern, zu Freunden oder Kollegen verändert. Ein wesentlicher Punkt ist meist der »Gewinn durch Krankheit«, der in der Regel aus vermehrter Zuwendung besteht. Bekommt der Patient durch seine Krankheit vermehrt Liebe, die er sonst vermissen muss, dann wird es dem Arzt sehr schwer fallen, den Krankheitsverlauf zu beeinflussen. Dies ist oft ein wichtiger Faktor für den chronischen Verlauf einer Erkrankung. Der Patient findet keinen anderen Weg als die Krankheit, um in seinem Beziehungssystem zu kommunizieren. Dabei ist dieser »Krankheitsgewinn« dem Patienten oft nicht bewusst.

Eine 70-jährige Frau kam herzkrank in unsere Klinik. Sie fühlte sich sehr viel weniger belastbar, als es den objektiven Untersuchungsbefunden entsprach. Damit konfrontiert, sagte sie: »Wenn ich nicht mehr so schwach bin, kommt keiner meiner Kinder mehr zu Besuch.« Daraufhin wurden alle erwachsenen Kinder in die Klinik eingeladen und wir machten der Patientin Mut, ihren Kindern zu sagen, was sie sich von ihnen wünsche. Das Erstaunliche, auch für die beteiligten Ärzte, war die Reaktion der Kinder. Sie waren glücklich, endlich von ihrer Mutter klar und deutlich zu hören, was sie von ihnen erwartete. Daraufhin wurden die Besuchszeiten und die Tätigkeitsfelder klar strukturiert, »wer kommt wann und wer übernimmt was«, und der Patientin ging es ab sofort wesentlich besser. Mit denselben Medikamenten konnte sie viel mehr leisten, beispielsweise wieder drei Stockwerke gehen, wozu sie vorher außerstande war. Meine Erklärung für diese Veränderung ist: »Die Patientin hat gelernt, dass sie alles, was sie braucht, von ihren Kindern bekommt, wenn sie es klar äußert. Die Demonstration von übermäßiger Schwäche war nicht mehr nötig.« Im Gegenzug waren die Kinder glücklich und ohne Schuldgefühle, weil sie ihrer Mutter gerne etwas gegeben haben, was ihnen umso schwerer gefallen war, je mehr die Mutter gelitten hatte. In dem Moment, in dem die Mutter dankbar die Unterstützung ihrer Kinder angenommen hatte, konnten die Kinder ihre Mutter so unterstützen, dass sich alle Familienmitglieder wohl fühlten.

Erkrankungen, die auf Verstrickungen mit dem Familiensystem beruhen, sind für den Arzt sehr viel schwieriger zu erkennen. Sie haben ihren Ursprung oft in früheren Generationen, sind unbewusst und durch die Liebe zur Familie oder zu einem ihrer Mitglieder bedingt.

Eine ausführliche Familienanamnese kann Hinweise auf Verstrickungen ergeben. Um diese ins Bewusstsein des Patienten zu bringen und sie in den Heilungsprozess zu integrieren, bedarf es einer effektiven Psychotherapie. Das Familienstellen ist zum Lösen dieser Verstrickungen meiner Erfahrung nach die erfolgreichste Methode.

Beziehungen in Partnerschaften

Ausgehend von Beziehungen in Systemen möchte ich jetzt den Beziehungsbegriff auf die Partnerschaft zwischen zwei Menschen fokussieren. In unserer Zeit beginnen Partnerschaften in der Regel mit Liebe, oder besser ausgedrückt mit Verliebtsein. Über nichts wird so viel geredet, geträumt oder fantasiert wie über die Liebe zwischen Partnern. Obwohl das Wort Liebe im Alltag ständig verwendet wird, gibt es enorme, meist unbewusst gebliebene Unterschiede im Verständnis. Daher gilt es, den Begriff »Liebe«, wie ich ihn verstehe, zu definieren. Hier spielt der Unterschied zwischen Verlieben und Lieben eine große Rolle.

Das Verlieben geschieht rasch, wir empfinden es als spontane Reaktion auf einen Menschen, und wird begleitet von physiologischen, hormonellen Abläufen, die wir als sehr anregend erleben. Die Intensität des Verliebtseins zwischen Partnern hat viel gemein mit der bedingungslosen Liebe eines Kindes zur Mutter. In gewissem Sinn ist ein Kind bezüglich seiner Mutter genauso blind wie ein Verliebter dem Partner gegenüber. Ebensolche Parallelen mit der Mutter-Kind-Beziehung weist die Abhängigkeit im Zustand der Verliebtheit auf. Das Kind ist auf die Erfüllung seiner Bedürfnisse durch die Mutter existenziell angewiesen. Wird es nicht versorgt, muss es sterben. Unbewusst spielt sich diese Sehnsucht nach Geborgenheit, Sicherheit und Versorgung in Partnerschaften wieder ab. Deswegen gibt es Menschen, die die Trennung von einem Partner als existenzielle Bedrohung erleben: »Wenn du mich verlässt, muss ich sterben.«

»Verliebtsein ist blind – Liebe ist sehend …«, lautet ein Satz von Bert Hellinger, der diesen Unterschied mit wenigen Worten verdeutlicht. Die wache Liebe erkennt den Partner, wie er ist, und liebt ihn in seiner Einzigartigkeit. Liebe macht weit für das Wesen und das Schicksal des Partners, zugleich wird der Liebende gestärkt. Ich frage meine Klienten immer wieder: »Stärkt dich die Liebe oder schwächt sie dich?« Wird die Frage ernst genommen und verstanden, dann kommen die Antworten spontan und machen das Wesen dieser jeweiligen Liebe bewusst.

Eine Klientin war 28 Jahre verheiratet und hat zwei erwachsene Kinder. Sie verliebte sich Hals über Kopf, zog zu ihrem Geliebten und ließ sich innerhalb von sechs Wochen scheiden. Glaubhaft erzählte sie mir, sie sei so glücklich wie noch nie. Da es ihren beiden Kindern nicht gut ging, kam sie in eine Paartherapiegruppe. In der ersten Runde fragte ich sie: »Stärkt dich diese Liebe oder schwächt sie dich?« Die Antwort kam sofort: »Sie schwächt mich.« In der Gruppe erzählte sie auch, wie sich der Ehemann bei der Scheidung verhalten hatte. Er vertrat die Haltung, wenn diese neue Liebe das Richtige für sie sei, müsse sie es tun und er würde sie nicht behindern. Er sagte noch, dass die Tür für sie offen bliebe.

Nach einem Jahr entschied die Klientin, sich vom Geliebten zu trennen und ihrer alten Beziehung eine Chance zu geben. Dieser Entschluss fand zuerst in ihrer Seele statt, das heißt, sie kehrte nicht zu ihrem Ex-Mann zurück, sondern entschied sich vorerst, alleine zu leben. Sie hatte gelernt, zwischen Verliebtsein und Liebe zu unterscheiden.

»Liebe fördert die Stärken des Anderen«, ist eine Grundhaltung meiner Arbeit, wobei die Stärke vor allem die seelische Stärke ist. Partnerschaften, die überwiegend der Befriedigung der eigenen Bedürfnisse dienen, wie beispielsweise finanzielle Versorgung, Vermeiden von Alleinsein oder das Ausnutzen von Abhängigkeiten, schwächen in der Regel den Partner. Wie oft bedeutet der Satz: »Ich liebe dich« im Klartext: »Ich will mehr von dir bekommen«, – sei es mehr Zuwendung, mehr Unterstützung, mehr Verständnis usw. Diese Wünsche existieren und sollen natürlich in einer zufriedenen Partnerschaft von beiden befriedigt werden. Auch hier gilt der Ausgleich von Nehmen und Geben.

Die Ehe erweitert die Funktion der klassischen Zweierbeziehung auf die Kinder. Um mit Bert Hellinger zu sprechen, hat die Ehe in erster Linie die Aufgabe, Leben weiterzugeben. In diesem Sinne kann man eheliche Liebe als ein Blicken auf die gemeinsame Zukunft interpretieren. Antoine de Saint-Exupéry formulierte es so: »Liebe heißt nicht, sich gegenseitig anzuschauen, sondern in die gleiche Richtung zu schauen.«

Zugleich findet durch die Verehelichung zweier Menschen eine Erweiterung der Beziehungen auf das Ursprungssystem der jeweiligen Partner statt. Damit fließen die Werte, die Traditionen und auch die Belastungen aus dem Familiensystem der Partner mit in die Ehe ein. Bleiben diese Einflüsse unbewusst, dann können sie zerstörerisch auf die Ehe wirken und zu Trennungen führen. Deswegen ist es bei Schwierigkeiten in Ehen so wichtig, das Ursprungssystem beider Partner anzuschauen. Wenn das mittels Familienstellen geschieht, können sich viele Ehekrisen positiv wenden. Voraussetzung ist die gegenseitige Achtung der Partner und die Achtung des jeweiligen Ursprungs. Dazu folgendes Beispiel:

> Während eines Seminars erzählt die Klientin, ihre neunjährige Tochter habe einen Gehirntumor und sie würde gerne mithilfe des Familienstellens erfahren, inwieweit ihre Tochter etwas für sie oder ihren Mann übernommen hätte. In der Aufstellung wurde klar, dass die Krankheit des Kindes etwas mit dem Vater zu tun hat. Die Klientin war darüber sehr unglücklich, weil sie den Eindruck hatte, nichts für ihre Tochter tun zu können. Ich empfahl ihr, dem Ehemann darüber zu berichten.
>
> In der Folge kam er zum Familienstellen. Auf die Frage nach seinem Anliegen, antwortete er, seine Frau habe ihm erzählt, die Krankheit seiner Tochter habe etwas mit ihm und seinem Ursprungssystem zu tun. Deshalb sei er gekommen. Während der Aufstellung fragte ich ihn, was mit seiner Mutter passiert sei? Er erzählte, dass sie sich das Leben genommen habe, als er 14 Jahre alt war. Es wurde deutlich, dass die Tochter an seiner Stelle zu seiner Mutter gehen wollte. Er konnte jetzt seinen Schmerz um den Tod seiner Mutter zulassen und ihren Tod würdigen. Damit war die Tochter »frei«.

An diesem Fall hat mich die Ernsthaftigkeit beider Eltern sehr berührt. Besonders die bedingungslose Bereitschaft des Vaters, für das gemeinsame Kind alles zu tun. Seine Frau hatte ihm von ihren Erfahrungen erzählt und er war in der Lage, diese zu achten und anzunehmen. Das führte zur Lösung. Ich kann gar nicht oft genug betonen, wie wesentlich die Achtung und Anerkennung des Partners und seines Erlebens, seiner Gedanken und seiner Gefühle ist.

Beziehungen in sozialen Systemen

System und Beziehungen hängen eng zusammen. Jedes System besteht aus Beziehungen und wird durch seine Grenzen definiert. Innerhalb dieser Grenzen gelten bestimmte Regeln, deren Einhaltung die Zugehörigkeit garantiert. Ein jedes steht wieder mit anderen Systemen in Beziehung, die wieder durch neue Grenzen und Regeln definiert werden. Jeder Mensch lebt in verschiedenen sozialen Systemen, in denen unterschiedliche Regeln gelten. Werden diese Regeln missachtet, kann dies zum Ausschluss durch die soziale Gruppe führen.

Familie und Beruf sind Beispiele für soziale Systeme, denen ein Mensch gleichzeitig angehört. Diese sozialen Systeme sind räumlich, organisatorisch und inhaltlich voneinander getrennt. Zugleich treten sie durch ihre Mitglieder in Wechselbeziehung miteinander. Für den Arbeitsplatz gelten andere Regeln, zum Beispiel Durchsetzungsfähigkeit und Machtausübung, wohingegen die Familie einen liebevollen und fürsorglichen Vater fordert. Es kann für die Mitarbeiter befremdlich sein, ihren Chef in seiner Familienrolle zu erleben, ebenso wie die Kinder nicht mit ihrem Vater in seiner möglicherweise autoritären Vorgesetztenrolle konfrontiert werden möchten. Geraten die Regeln durcheinander, gibt es Probleme.

Ein weiteres Beispiel für Gesetze innerhalb von Systemen sind meine Erfahrungen als Ärztin und Psychotherapeutin in einer kardiologischen Reha-Klinik. Die Regeln innerhalb der Ärztegruppe sind andere als die Regeln in einer Psychotherapeutengruppe. Damit ich als Chefärztin zur Gruppe der anderen Chefärzte zugehörig sein konnte, musste ich deren Regeln respektieren und mich entsprechend verhalten. Dazu gehörte, die Visite im Arztkittel durchzuführen.

Ich habe während der Visite keinen Arztkittel getragen, sondern »normale« Kleidung, wie im psychotherapeutischen Kontext. Meine Absicht war es, durch diese Änderung die klassische Arzt-Patienten-Beziehung aufzubrechen, um den

Patienten ihre Angst zu nehmen und sie zu einer offenen Kommunikation mit mir zu ermutigen.

Durch dieses Verhalten habe ich gegen die Regeln der Ärztegruppe verstoßen, ich verhielt mich aus der Sicht meiner Kollegen illoyal. Sie behandelten mich daraufhin wie eine Verräterin. Deshalb wurde ich von manchen ausgegrenzt, und meine Handlung fand keine Nachahmer. Die systemische Logik und die daraus resultierenden Konsequenzen meines Handelns wurden mir erst viel später bewusst.

Das System, von dem in diesem Buch die Rede ist, ist im weitesten Sinne das Familiensystem oder die »Sippe«. Die Grenzen in diesem System sind definiert durch das Phänomen der Bindung. Dazu gehören: Eltern, ihre Geschwister und deren Kinder, Großeltern, deren Geschwister und alle Kinder, alle früheren Partner und Partnerinnen und deren Kinder. Beziehungen existieren nicht nur zwischen Blutsverwandten, sondern auch zwischen angeheirateten und dazugekommenen Familienmitgliedern wie adoptierte Kinder, Pflegekinder, unverheiratete Partner und deren Kinder, im weitesten Sinne also in den Familienverband aufgenommene Personen.

Familiensysteme stehen auch untereinander in Beziehung. Bei Heirat treten zwei Familiensysteme, nämlich das der Frau und das des Mannes, zueinander in Beziehung, was beide Systeme beeinflusst. Zugleich verbleiben alle von der Familie ausgegrenzten, verleugneten und verschwiegenen Familienmitglieder im System. Sie wirken über das Phänomen der Bindung durch die Übernahme von Gefühlen, Schuld oder »schlimmem Schicksal« unheilvoll zurück ins System. Das Familienstellen offenbart diese Wirkungen und bietet Lösungen an.

Die Grundannahmen beim Familienstellen

Bindung

Das Wesentliche an der Bindung ist, dass sie existiert, ob wir es wollen oder nicht. Mit dem Augenblick der Zeugung entsteht die Bindung zwischen den Eltern und dem Kind. Trennen wir uns räumlich von den Eltern, dann wird, auch wenn der Kontakt abbricht, die Bindung zu den Eltern trotzdem bleiben und auf unser Leben eine Wirkung haben. Diese Wirkung können wir mit unserem Bewusstsein nicht beeinflussen.

Bindung besteht zwischen allen Mitgliedern einer Sippe, zwischen Kindern und Eltern ist sie am stärksten. Sie ist eine Kraft, die stärker ist als die Angst vor dem Tod. Das kann dazu führen, dass Kinder aus Liebe zu ihren Eltern »in den Tod gehen«. (Siehe das Beispiel von Anna, S. 144.) Diese Bindungsliebe ist auch eine Erklärung für die Treue von misshandelten Kindern zu ihren Eltern. Sie geben niemals die Loyalität zu ihren Eltern auf. Werden sie dazu gezwungen, zum Beispiel in Gerichtsverfahren oder im Zuge von Ermittlungen, zerbrechen sie daran. Denn »die Bindung zum System ist stärker als die Angst vor dem Tod«, wie Bert Hellinger sagt.

Ordnung

Den Begriff Ordnung zu erklären, scheint einfach. Er bedeutet: Der Erste kommt an erster Stelle, der Zweite kommt an zweiter und der Dritte kommt an dritter Stelle.

In der heutigen Zeit ist diese Ordnung von besonderer Bedeutung, da viele Frauen und Männer mehrere Partnerschaften eingehen. Die zweite, spätere Partnerschaft kann nur gelingen, wenn die erste – als erste – anerkannt und gewürdigt wird.

Bei Geschwistern gilt, das älteste Kind ist das erste in der Rangfolge: »Der Älteste übernimmt den Hof.« Damit waren traditionell Rechte und Pflichten verbunden. Diese Ordnung hatte über viele Jahrhunderte hinweg Gültigkeit und wurde von allen akzeptiert. Wird die Reihenfolge der Geschwister verletzt, zum Beispiel durch ungerechtes Erbe, bringt sie als Folge oft dem Begünstigten Unglück.

Zur Realität der Ordnung gehört auch, dass Eltern ihre Kinder niemals gleich behandeln können, da sie in unterschiedliche Situationen hineingeboren wurden. Der Zeitpunkt und die Rangfolge ihrer Geburt bestimmen die Stellung innerhalb der Familie. In modernen Familienstrukturen könnte durch »hinzugekommene« Stiefgeschwister die Rangfolge unter den Kindern verändert werden. Der ursprünglich erstgeborene Sohn bekommt eine ältere Stiefschwester und würde so scheinbar »degradiert«. Wichtig ist, dass dieser Sohn für seine Mutter der Erstgeborene bleibt, auch wenn mit der Stiefschwester ein älteres Geschwister auftaucht. Oft verschwinden Verhaltensauffälligkeiten bei Kindern, wenn die Rangfolge in einer Familienaufstellung geklärt ist. Dieses Bewusstmachen der Rangfolge kann in alltäglichen Situationen, wie der Sitzordnung am Esstisch, praktisch umgesetzt werden.

Anders verhält es sich zwischen zwei Systemen: Hier hat das jüngere, aktuelle System Vorrang gegenüber dem vorhergegangenen System. Somit hat die Gegenwartsfamilie Vorrang vor der Herkunftsfamilie. Bei Konflikten hat der Partner, beispielsweise die vielstrapazierte Schwiegertochter, Vorrang vor den Eltern. Hält der Ehemann in dieser Situation nicht zu seiner Frau, sondern zur Mutter, wird der Vorrang des neuen Systems gegenüber dem alten verletzt, dann ist die Ehe ernsthaft gefährdet. Biologisch lässt sich diese Regel des Systems damit erklären, dass der Sohn erwachsen ist und nur mit seiner Frau den Fortbestand der Familie erhalten kann.

Bei mehreren Partnerschaften mit Kindern hat das jüngste System Vorrang vor den früheren. Bekommt ein verheirateter Mann mit einer Freundin ein Kind, dann hat diese neue, wenn auch außereheliche Familie Vorrang gegenüber der bestehenden Ehe. Es mag als Widerspruch erscheinen, dass die früheren Partner oder Partnerinnen und Kinder als die früheren gewürdigt werden müssen und in der Rangfolge den früheren Platz behalten. Entgegen den gängigen Mustern, die ehemaligen Partner schlecht zu machen, um das eigene Gewissen zu beruhigen, liegt die Lösung im Würdigen dieser Partner: »Ich danke dir für das, was du mir gegeben hast.« Dann kann die neue Beziehung aus systemischer Sicht gelingen.

Besonders sensibel ist die Beziehung zwischen Kindern aus früheren Partnerschaften und neuen Partnern. Kinder aus einer früheren Beziehung haben Vorrang vor dem späteren Partner. Meiner Erfahrung nach lassen sich Konflikte zwischen neuen Partnern und deren Stiefkindern vermeiden, wenn die leiblichen Eltern ihren Kindern die Sicherheit vermitteln, dass sie ihren Platz in der Rangfolge behalten.

Die Entscheidung für eine neue Beziehung muss von Kindern respektiert werden. Sie haben kein Recht dazu, diese zu sabotieren. Sie werden es umso weniger tun, je klarer die Mutter oder der Vater zu dem neuen Partner steht.

Hilfreich zur Beschreibung der Ordnungen innerhalb des Familiensystems sind die Regeln von Bert Hellinger. Mit diesen umzugehen erfordert von allen Beteiligten Feingefühl und Respekt. Werden sie verletzt, bringen sie Streit, Eifersucht und Leid. Mir ist klar, dass diese scheinbar starren Regeln Widerspruch hervorrufen. Meiner Erfahrung nach sind sie sehr heilsam und friedenstiftend, wenn sie beachtet werden. Oftmals ist dies aber nur mit therapeutischer Unterstützung möglich.

Ausgleich

Am wesentlichsten ist der Ausgleich von Nehmen und Geben. Hier ist die Reihenfolge wichtig. Zuerst kommt das Nehmen und nur, wenn ich genommen habe, kann ich auch geben. Dies gilt insbesondere für das Nehmen des Lebens von den Eltern unter den gegebenen Bedingungen. Dieser Ausgleich wirkt in allen Beziehungen wie Familie, Freundschaft und beruflichen Beziehungen.

Geld ist eine »Währung« des Nehmens und Gebens, ebenso wie Zuwendung, Versorgung und Anerkennung. Wenn der Ausgleich von Nehmen und Geben nicht beachtet wird, kann dies eine Beziehung zerstören. Dabei ist Ausgleich unbedingt wörtlich zu verstehen. Gibt jemand zu viel, beispielsweise ein teures Geschenk, dann hat der andere das Gefühl, er kann das niemals ausgleichen, und dieses Gefühl zerstört die Beziehung. Dem Beschenkten ist es unangenehm, in der Schuld des Schenkenden zu stehen, und er zieht sich zurück.

Anders verhält es sich zwischen Eltern und Kindern. Eltern geben immer mehr und Kinder nehmen immer mehr. Hier erfolgt der Ausgleich über die Generationen der Familie. Kinder nehmen von ihren Eltern und geben an ihre Kinder weiter, so ist der Ausgleich über das Familiensystem wiederhergestellt.

DER GOLDENE BALL

Was auch an Liebe mir vom Vater ward,
ich hab's ihm nicht vergolten, denn ich habe
als Kind noch nicht gekannt den Wert der Gabe
und ward als Mann dem Manne gleich und hart.

Nun wächst ein Sohn mir auf, so heiß geliebt
wie keiner, daran ein Vaterherz gehangen,
und ich vergelte, was ich einst empfangen
an dem, der mir's nicht gab noch – wieder gibt.

Denn wenn er Mann ist und wie Männer denkt,
wird er, wie ich, die eigenen Wege gehen,
sehnsüchtig werde ich, doch neidlos sehen,
wenn er, was mir gebührt, dem Enkel schenkt.

Weithin im Saal der Zeiten sieht mein Blick
Dem Spiel des Lebens zu, gefasst und heiter,
den goldenen Ball wirft jeder lächelnd weiter
und keiner gab den goldenen Ball je zurück.

Börries von Münchhausen

Ausgleich funktioniert in Familiensystemen noch auf einer anderen, sehr wichtigen Ebene. Für die Schuld, die ein Familienmitglied auf sich geladen hat (beispielsweise eine Kriegsschuld), müssen oft andere Familienmitglieder in irgendeiner Form leiden. Aber auch, wenn ein Familienmitglied ein schlimmes Schicksal erlitten hat, geschieht der Ausgleich durch Leiden. So werden Leid und Schuld innerhalb eines Familiensystems über die Generationen hinweg ausgeglichen. Betroffen davon sind alle Mitglieder der Sippe.

Sehr viele psychische und körperliche Symptome, auch schwere Krankheiten, sind eine Form von systemischem Ausgleich. Ich habe Klienten mit schweren Depressionen erlebt, die ohne Erfolg die verschiedensten Therapieformen ausprobiert hatten. Ihre Familiengeschichte war ähnlich: ein Familienmitglied musste ein schlimmes Schicksal erleiden oder ein anderes war schuldig geworden. Die Erfahrung zeigt, dass die Nachkommen von Tätern und Opfern, also die Kinder und Enkel, an ähnlichen Symptomen und Krankheiten leiden. Übernommene Schuld oder übernommenes Leid zeigt sich entweder in körperlichen Krankheiten wie Krebs, multipler Sklerose, Herzkrankheiten oder in psychischen Erkrankungen, wie therapieresistente Depressionen. Dazu ein Beispiel:

In einer meiner Therapiegruppen war eine Frau, die politisch sehr engagiert war, wie ihre Mutter und ihre Großmutter. Dieses politische und soziale Engagement zog sich durch die drei Frauengenerationen wie ein roter Faden. Die Klientin kam wegen massiver, unbehandelbarer Rückenschmerzen. In der Familienaufstellung wurde klar, dass in früheren Generationen etwas »Schlimmes« passiert sein musste. Auf Nachfragen erzählte die Mutter der Klientin, dass vier oder fünf Generationen zuvor eine Frau ihren Mann von ihrem Geliebten hat umbringen lassen und diesen Geliebten geheiratet hat. Als Ausgleich für dieses Verbrechen, das vor vielen Jahren begangen wurde, haben sich die Frauen der nachfolgenden Generationen besonders sozial und politisch engagiert. Nachdem der Klientin dieses Geheimnis offenbart wurde, bat ich sie in einer weiteren Aufstellung, sich vor allen Frauen zu verneigen, die für den Ausgleich gesorgt hatten, und so deren Handlungen zu würdigen. Meine Hypothese ist, dass die Rückenschmerzen als Ausgleich für das zurückliegende Verbrechen bei der Klientin aufgetreten waren. Unterstützt wird meine Annahme durch die Tatsache, dass die Klientin seit der Aufstellung symptomfrei ist.

Ein zentrales Thema beim Nehmen und Geben ist das Annehmen des Lebens, so wie man es von den Eltern bekommen hat. Es gibt keine andere Möglichkeit, da die Bedingungen vorgegeben sind. Dem zuzustimmen ist die Voraussetzung für Glück: »Ich nehme das Leben, wie es mir gegeben wurde.« Diese scheinbar einfache Logik umzusetzen ist meiner Erfahrung nach oft das Schwerste. Vater und Mutter ehren heißt in diesem Fall nicht, mit allen Handlungen der Eltern einverstanden zu sein, sondern das, was sie geben konnten, dankbar anzunehmen und zu schätzen. Weigert man sich zu nehmen, kann ein Gefühl von »sich besser fühlen« entstehen. »Wenn du nimmst, wirst du schuldig«. Bert Hellinger meint damit nicht Schuld im engeren Sinn, sondern die Verpflichtung, dieses Nehmen wieder auszugleichen. Wenn man nicht nimmt, ist man in keiner Schuld und keiner Verpflichtung, also vordergründig frei. Das fehlende Nehmen erhält aber den Anspruch aufrecht. »Mehr Geld, mehr Verständnis, mehr Unterstützung, eine andere Kindheit, andere Formen der Liebe etc.« Dieser Anspruch kann von niemandem befriedigt werden und erzeugt daher Unzufriedenheit und das Gefühl, zu kurz gekommen zu sein, was wieder neuen Anspruch nährt.

Alle Beziehungen funktionieren durch Nehmen und Geben. Weigert man sich, die Liebe zu nehmen, die man bekommt, und kompensiert den Anspruch durch materiellen Konsum, sind Beziehungen gefährdet. Jeder kennt »nimmersatte Menschen«. Der Konsum wird immer mehr zum Mittelpunkt des Lebens, wohingegen Leben, Liebe und Treue unkäufliche Güter bleiben. Konsum, der aus Anspruch genährt wird, ist ein Ersatz für das Nehmen in Beziehungen und verhindert Zufriedenheit. »Gier heißt haben wollen, ohne zu nehmen«, sagt Bert Hellinger.

Gefördert wird eine Beziehung, indem man dankbar nimmt und aus Liebe etwas mehr zurückgibt. So kann eine Beziehung wachsen und ein »Engelskreis« wird genährt.

Auch Danken ist eine Form des Ausgleichs. Ich kann nur danken, wenn ich genommen habe. Jeder hat schon einmal ein Geschenk gegeben, das dankbar und mit Freude angenommen wurde. Wie hast du dich dabei gefühlt? Hat der Ausgleich gestimmt? Aber auch das Gegenteil, die Zurückweisung eines Geschenks, hat jeder schon erlebt. Wie hast du dich dabei gefühlt? Wie stimmte da der Ausgleich?

Danken in einer dankbaren Haltung ist eine der wesentlichsten Formen des Ausgleichs. Als Therapeutin gebe ich immer wieder die Aufgabe, Dankesbriefe an Vater, Mutter, frühere Partner, Freunde usw. zu schreiben. Einem Herzpatienten, der seinen Vater überhaupt nicht akzeptieren konnte, gab ich die Aufgabe, einen Dankesbrief zu schreiben. Ich habe diesen Patienten nie wieder gesehen. Zufällig erfuhr ich Näheres von seinem behandelnden Arzt, dem er von meiner Empfehlung erzählt hatte. Obwohl er es sinnlos gefunden habe, hat er diesen Brief geschrieben, der eine unerwartete Wirkung zeigte. Seitdem versteht er sich mit seinem Vater viel besser. Dieser Fall hatte keine dramatischen medizinischen Konsequenzen. Dennoch erinnere ich mich gerne an den Patienten, da seine Geschichte aufzeigt, dass Ausgleich als Prinzip funktioniert, auch wenn der Betroffene vordergründig nicht daran glaubt.

Ausgleich im Negativen

Den Ausgleich gibt es sowohl im Guten wie im Bösen. Der Ausgleich im negativen Sinn besagt: »Wenn du etwas erleiden musst oder dir etwas angetan wird, dem du ausgeliefert bist, dann muss als Konsequenz dem Verursacher dieses Leides auch etwas ›angetan‹ werden. Wenn du zu schnell verzeihst, ohne den Mut zu haben, dem Verursacher auch etwas ebenso Schmerzliches zuzumuten, wirst du dich überlegen fühlen.« Das stört die zukünftige Beziehung.

Quitt ist man nur, wenn ein Ausgleich stattgefunden hat. Dann kann die Beziehung auf einer neuen Ebene weitergehen.

Um eine Spirale des »Teufelskreises«, nämlich der Eskalation von »wie du mir so ich dir«, zu vermeiden, ist es wichtig, im negativen Ausgleich dem anderen etwas weniger zuzufügen als einem selbst zugefügt wurde. »Erst wenn beide gleichermaßen gelitten haben, sind sie wieder ebenbürtig.« (Bert Hellinger)

Die Funktion des Gewissens

Gewissen und Bindung

Das Bedürfnis nach Zugehörigkeit ist ein Grundbedürfnis jedes Menschen. Die Zugehörigkeit zur Familie ist überlebenswichtig.

Das Gewissen funktioniert wie ein »Wahrnehmungsinstrument« der Seele, das dich spüren lässt, welches Handeln deine Zugehörigkeit sichert. Die Funktion des systemischen Gewissens, wie Bert Hellinger sie beobachtet hat, hat nichts mit Moral im üblichen Sinne zu tun. Wir alle haben gelernt: »Wenn du Gutes tust, hast du ein gutes Gewissen, wenn du Schlechtes tust, hast du ein schlechtes Gewissen.« Im Gegensatz dazu steht die geradezu revolutionäre Aussage Bert Hellingers: »Die schlimmsten Dinge können mit gutem Gewissen gemacht werden.«

Das Gewissen im System hat die Funktion, die Zugehörigkeit zu unserer Familie und zu verschiedenen Gruppen, denen wir im Laufe unseres Lebens angehören, zu sichern. Dem Bedürfnis nach Zugehörigkeit wird alles untergeordnet und dieses Bedürfnis wird durch das Gewissen gesteuert. Das erklärt, warum das Gewissen in unterschiedlichen Gruppen unterschiedlich »funktioniert«. Geht es um unsere Eltern, haben wir ein anderes Gewissen als beispielsweise in beruflichen Situationen. Wir können in der Familie eine Vorgehensweise positiv bewerten, die wir in unserem Arbeitsteam verurteilen würden. Beispielsweise erwarten wir in der Familie Nähe und Aufmerksamkeit. Nehmen wir uns Zeit für persönliche Gespräche, haben wir ein gutes Gewissen. Das gleiche Verhalten am Arbeitsplatz könnte ein schlechtes Gewissen erzeugen.

Abhängig von der Gruppe, der wir uns verpflichtet fühlen, können schlimmste Dinge mit bestem Gewissen getan werden. So wird es vielen SS-Angehörigen im Dritten Reich gegangen sein, die mit »gutem Gewissen« gemordet haben.

Für die Loyalität in der Sippe ist das Gewissen die Grundlage. Wenn ich die Klienten in den Therapiegruppen frage: »Was hat dein Großvater im Zweiten Weltkrieg gemacht?«, dann hat keiner etwas Schlimmes getan. Kinder und Enkel sind loyal und folgen dem Gewissen des Vaters oder Großvaters, der eben kein schlechtes Gewissen hatte, wenn er im Krieg Menschen umgebracht hat.

Wollen wir uns aus einer familiären Verstrickung lösen, bekommen wir in der Regel ein schlechtes Gewissen. Allein die Frage nach der Rolle des Großvaters im Krieg löst oft schon Empörung aus: »Wie kannst du nur so etwas fragen?«, und der Fragesteller fühlt sich schlecht. Er hat quasi das Andenken des Großvaters beschmutzt und muss sich rechtfertigen, und das verursacht ein schlechtes Gewissen. Das kann so weit führen, dass er sich dem Familiensystem gegenüber als Verräter fühlt – und auch so behandelt wird. Er wird die Kriegsgeschichte des Großvaters nie mehr hinterfragen, loyal bleiben und zugleich in der Verstrickung verharren.

Sich aus der Verstrickung zu befreien, ist oft begleitet vom schlechten Gewissen. Das zu verstehen ist entscheidend. Für die Klienten in der Familienaufstellung ist es manchmal sehr schwer, dieses schlechte Gewissen auszuhalten, und kann dazu führen, dass sich Klienten nach einer lösenden Aufstellung sehr schlecht fühlen. Hier ist es hilfreich, wenn ich den Zusammenhang zwischen schlechtem Gewissen und der

Lösung aus der Verstrickung erkläre und auf mögliche Wirkungen hinweise. Als Therapeutin halte ich mich auch nach der Familienaufstellung bereit, die Klienten zu unterstützen.

Grundlage für die Loyalität ist die Bindung. Bindung existiert in jedem System. Das Individuum alleine kann nicht überleben, es braucht die Gruppe, es braucht Beziehungen. In jeder Gruppe gibt es Regeln, deren Einhaltung die Zugehörigkeit bestimmen. Werden die Regeln eingehalten, hat man ein gutes Gewissen, werden die Regeln gestört, beispielsweise indem gefragt wird, was im Zweiten Weltkrieg passiert ist, hat man ein schlechtes Gewissen.

Die Bindung zur Familie ist eine gegebene, eine unumstößliche Tatsache, während die Bindung zu anderen Gruppen, einer Arbeitsgruppe oder einer Schulklasse, eine vorübergehende sein kann. Das Gewissen funktioniert, während ich mich einer Gruppe zugehörig fühle, genauso wie im Familiensystem. Von der Familie kann ich mich nicht trennen, hier besteht eine lebenslange Zugehörigkeit, trenne ich mich aber von einer Arbeitsgruppe, habe ich dieser Gruppe gegenüber oft ein schlechtes Gewissen. Das Gewissen funktioniert also in allen Gruppen gleich, die Bindung ist jedoch im Familiensystem um vieles stärker als in jeder anderen Gruppe. Das ist der wesentliche Unterschied.

Gewissen und Ordnung

Bei der Bindung hat das schlechte Gewissen die Funktion, den Betroffenen in der Verstrickung zu halten. Anders verhält es sich bei der Ordnung. Hier dient das schlechte Gewissen der Sicherung der Ordnung, führt also letztendlich zu einem positiven Ergebnis. Wird diese Ordnung innerhalb einer Partnerschaft durch Missachtung des früheren Partners verletzt, haben wir ein schlechtes Gewissen. Durch vermehrte Abwertung versuchen wir dann, dieses schlechte Gewissen zu bekämpfen. Die Lösung ist, die Ordnung im Sinne von

Achten und Würdigen des früheren Partners wieder herzustellen.

Erbangelegenheiten liefern viele Beispiele für eine gestörte Ordnung: Bei einem ungerechten Erbe kann der Begünstigte durch großzügiges Verhalten gegenüber dem Benachteiligten für Ausgleich sorgen, und sein Gewissen ist frei. Durch den Ausgleich bleibt die Beziehung zu dem ursprünglich Benachteiligten erhalten. Beharrt er jedoch auf seinem Vorteil und ignoriert das schlechte Gewissen, ist in der Regel die Beziehung zerstört. Diese Auseinandersetzungen führen unter Umständen dazu, dass künftige Generationen nicht mehr miteinander reden. Die gestörte Ordnung wirkt auf diese Weise weiter und kann durch Familienstellen wieder ans Licht gebracht und gelöst werden.

Gewissen und Ausgleich

Bei der Ordnung hat das schlechte Gewissen die Funktion, die Ordnung wieder herzustellen. Beim Ausgleich verhält es sich ähnlich. Auch hier hat das schlechte Gewissen eine konstruktive Funktion, indem es den Ausgleich von Geben und Nehmen steuert. Das schlechte Gewissen zeigt sich oft in Form von Schuldgefühlen. Im Alltag verwendet man die Redewendungen »Dem anderen etwas schuldig sein« oder »Ich stehe in deiner Schuld« oder »Du hast noch etwas gut bei mir«. Das heißt, der Beschenkte oder der, der genommen hat, fühlt sich schuldig, solange er nichts dafür geben konnte. Der Ausgleich von Nehmen und Geben fand nicht statt. Diese Schuldgefühle werden als unangenehm empfunden und weitestgehend vermieden. Das passiert, indem ich nicht nehme und damit unschuldig bleibe oder indem ich das Gegebene bzw. den Geber abwerte und damit den Anspruch mit »gutem Gewissen« aufrechterhalte.

Dazu ein Beispiel: Die Nachbarskinder versorgen während des Urlaubs die Katze der Familie. Diese vergisst, ein kleines

Dankeschön aus den Ferien mitzubringen. Jetzt entsteht ein schlechtes Gewissen gegenüber den Nachbarskindern. Als Reaktion bieten sich zwei Möglichkeiten an: Man besorgt nachträglich ein Geschenk, damit wäre der Ausgleich wieder hergestellt und auch im nächsten Jahr kann man mit gutem Gewissen um denselben Gefallen bitten. Die zweite Möglichkeit liegt in der Abwertung: »Das ist doch das Mindeste, was man nachbarschaftlich erwarten kann ...«, und der Ausgleich findet nicht statt. Die Beziehung zwischen den Nachbarn wird sich verschlechtern. Oft kann man sich an kleine Ereignisse, die zur Verschlechterung einer Beziehung führen, gar nicht mehr erinnern. Diese Erfahrung haben wir alle schon gemacht, dabei ist es so einfach, den Ausgleich von Nehmen und Geben zu beachten.

Die wesentlichste Funktion des systemischen Gewissens liegt also immer in der Förderung von Beziehungen.

Meine Erfahrungen mit dem Familienstellen

Die Runde

Dieses Vorgehen habe ich wiederholt in Seminaren bei Bert Hellinger erlebt und in meine Arbeit übernommen. In der Runde hat jeder Teilnehmer einer Gruppe der Reihe nach die Möglichkeit, zu Wort zu kommen. Er kann sagen, was ihn bewegt und was sein Anliegen ist. Die Therapeutin, und nur sie, geht darauf ein. Kein anderer Teilnehmer darf sich in irgendeiner Weise dazu äußern. Die Runde gibt jedem die Möglichkeit, sich so zu zeigen, wie er es im Moment möchte, und nur die Therapeutin geht darauf ein. Wenn sich in der Runde bei einem Teilnehmer etwas Wichtiges zeigt, wird gleich damit gearbeitet. Ich mache sozusagen Einzeltherapie in der Gruppe, was nicht immer bedeutet, dass wir mit dem Familienstellen arbeiten. In der Runde arbeite ich mit allen Methoden, die ich gelernt habe. Einerseits dienen die Runden der Vorbereitung einer Familienaufstellung, indem den einzelnen Teilnehmern klar wird, worum es ihnen wirklich geht, andererseits erzeugen sie ein tiefes Miteinander in der Gruppe. Jeder Teilnehmer erlebt, während die Therapeutin mit einem anderen arbeitet, dass auch er davon betroffen ist, und diese Erfahrung wirkt sich wiederum auf seinen Prozess aus. Dieses »Aha-Erlebnis« hilft jedem Einzelnen, seine Situation und sein Anliegen noch klarer zu erkennen. Häufig kommt es vor, dass sich das ursprüngliche Anliegen durch diese Erfahrungen verändert. Ich denke beispielsweise an einen Mann, der mit dem Anliegen, seine Ehe zu verbessern, in die Gruppe kommt. In der Runde wird ihm klar, dass er zuerst die Beziehung zu seiner Mutter klären muss.

Jedes Seminar beginne und beende ich mit einer Runde. Auch während des Seminars, wenn in einer Familienaufstellung sehr intensiv gearbeitet wurde, gibt es unter den Teilnehmern ein Mitteilungsbedürfnis. In einer Runde bekommt dann jeder die Gelegenheit zu sagen, was ihn bewegt, oder ob er noch etwas nachtragen möchte.

Der Vorgang des Familienstellens

Bevor ich den Ablauf einer Aufstellung erkläre, möchte ich auf den Sinn dieser Therapiemethode hinweisen. An erster Stelle steht das Aufzeigen von systemischen Verstrickungen. Dem folgt als zweiter Schritt der Prozess der Lösungsfindung. Im besten Falle kann in einem letzten Schritt die Verstrickung gelöst werden.

Das Familienstellen beruht auf dem Phänomen, dass Menschen eine Rolle übernehmen, zu der sie keine Information haben, aber in der Rolle stellvertretend wahrnehmen und fühlen können. Zu Beginn des Familienstellens steht die Abklärung des Anliegens. Wichtig ist, dass bei dem Klienten Ernsthaftigkeit vorhanden ist. Die Ernsthaftigkeit ist Ausdruck der Motivation des Klienten und somit das Gegenteil von Oberflächlichkeit. Ich lege auf diese Ernsthaftigkeit sehr großen Wert, da die Klienten meiner Erfahrung nach mit Neugierde allein nichts verändern können. Ebenso hat das »Strohhalmprinzip«, also wenn der Klient die Familienaufstellung als letzte Möglichkeit sieht, um aus großer Not zu entkommen, eine negative Auswirkung auf den Vorgang des Aufstellens. Durch den Druck in großer Not wird die Erlösung oft von der Therapeutin erwartet.

Vor der Aufstellung wird mit wenigen Worten genau skizziert, worum es wirklich in der Familienaufstellung gehen soll. Welches Ziel wird angestrebt? Allein durch die Abklärung der Anliegen kann sich eine mögliche Aufstellung erübrigen, wenn beispielsweise bereits eine Entscheidung getroffen wurde. Ist das Anliegen definiert, bestimmt die Therapeutin mit dem Klienten die Personen, die für die Aufstellung des dargestellten Problems benötigt werden. Der Klient wählt für jede Person einen Stellvertreter. Für den Klienten wird ebenfalls ein Stellvertreter bestimmt, und erst gegen Ende der Aufstellung nimmt er selbst seinen Platz in der Aufstellung ein. Dabei beobachte ich immer wieder, dass die Emotionalität und Betroffenheit, Gefühle wie Wut und Trauer, bei dem Klienten stark sind, solange er sich außerhalb der Aufstellung befindet. Sobald er seinen Platz in der Aufstellung einnimmt, verändern sich die Gefühle. Durch die Veränderung der Perspektive kann ein Schmerz zugelassen werden, der, wenn der Klient den Platz in seinem System wieder einnimmt, für ihn aufgrund der Verstrickungen mit dem Familiensystem nicht erlebbar ist.

Durch Fakten werden die handelnden Personen beschrieben: »Die Mutter war zum zweiten Mal verheiratet. In der ersten Ehe hatte sie ein Kind, das nach zwei Jahren starb. Die Mutter trennte sich von ihrem ersten Mann. Der zweite Mann ist der Vater des Klienten.« Fakten und die Chronologien der Lebensläufe sind entscheidend: Wann wurde geheiratet, wann wurden Kinder geboren, unter welchen Bedingungen sind Familienmitglieder verstorben etc. Die Eigenschaften dieser Personen sind unwichtig.

Die Stellvertreter benötigen nur die Fakten. Mein Eindruck ist sogar, dass die Aufstellung besser ist, wenn sie keine zusätzlichen Informationen haben. Die Aufgabe der Stellvertreter ist es, wahrzunehmen, was sie in dieser Rolle spüren. Wenn sie gut geführt werden und verstanden haben, dass sie nur sagen, was sie körperlich wahrnehmen, dann kann ich als Therapeutin davon ausgehen, dass diese Wahrnehmungen der Stellvertreter ein Abbild der Gefühle der Personen sind, die sie vertreten. Der Klient, der sich außerhalb der Aufstellung befindet, übt eine Art Kontrollfunktion aus, indem er auf Rückfragen das Geschehen kommentiert. Bemerkungen wie: »Ja, genauso hat mein Vater immer reagiert ...« geben mir als Therapeutin Sicherheit. Wenn ein Stellvertreter selbst betroffen ist und sein persönliches Schicksal deutlich wird, stelle ich das in der Regel sehr schnell fest und tausche ihn aus.

Entscheidend für die Aufstellung ist die Positionierung dieser Stellvertreter durch den Klienten. Er hat nun die Aufgabe, in einer erwartungsfreien Haltung die Personen entsprechend seinem Gefühl so aufzustellen, dass die Beziehungen, die zwischen den Personen bestehen, ausgedrückt werden. Beziehungen werden ausgedrückt durch Blickrichtung sowie räumliche Nähe und Distanz zwischen den Stellvertretern. Der Klient wird nun das »innere Bild« seiner Familie bzw. der Personen, die ausgewählt wurden, aufstellen. Die Aufstellung ist ein Spiegel des »inneren Bildes« des Klienten von seiner Familie. Weil Beziehungen unterschiedlich wahrgenommen werden, stellen verschiedene Mitglieder einer Familie ihr System unterschiedlich auf. Die »inneren Bilder« des älteren Bruders unterscheiden sich beispielsweise von denen der jüngeren Schwester. Im Lauf der Aufstellung werden die Positionen der Stellvertreter mithilfe der Therapeutin so verändert, dass jedes Familienmitglied einen Platz findet, der seinem Stellvertreter gut tut. Erstaunlich ist, dass sich dieses »gut tun« gegenseitig bedingt. Oft konnte ich beobachten, dass »innere Bilder« aufgestellt werden, bei denen es allen schlecht geht.

Bei einer Familienaufstellung stand die Tochter zwischen den Eltern. Allen Stellvertretern ging es schlecht. Erst als sich die Tochter zurückgezogen hatte und die Eltern nebeneinander standen, ging es allen besser. Die Tochter war ursprünglich mit dem »inneren Bild«, die Ehe der Eltern retten zu müssen, in die Gruppe gekommen. Durch das Aufstellen erlebte sie dann, dass es den Eltern ohne ihre Einmischung viel besser ging. Dazu möchte ich generell anmerken, dass das Glück oder Unglück in der Ehe der Eltern die Kinder nichts angeht, sie haben sich zurückzuhalten.

Durch die Veränderung des Bildes während der Aufstellung entsteht ein neues »inneres Bild«, und dieses neue Bild wirkt. Die belastenden »inneren Bilder« basieren auf einer sehr frühen Prägung im Leben. Weil sie so früh geprägt wurden, halten die Klienten an diesen »inneren Bildern« fest. Werden diese Bilder durch die Aufstellung nachhaltig verändert, höre ich oft Reaktionen wie: »Meine Mutter ist nach der Aufstellung viel netter geworden, obwohl sie doch gar nicht dabei war.« Nicht die Mutter hat sich verändert, sondern das innere Bild der Klientin, und damit bekommt die Beziehung eine andere Bedeutung und einen anderen Stellenwert. Die Klientin hat ihr Verhalten gegenüber der Mutter verändert, und damit wird es auch der Mutter möglich, sich anders zu verhalten.

Als Therapeutin arbeite ich mit der Grundannahme, dass die Beziehungen in einer Familie durch die »primäre Liebe« bestimmt werden, jeder fühlt sich wohler, wenn er den anderen lieben und so nehmen darf, wie er ist.

Die Gefahr beim Familienstellen liegt im oberflächlichen Umgang mit dieser Form der Psychotherapie. »Ich geh mal mein Ursprungssystem aufstellen, ich geh mal mein Gegenwartssystem aufstellen ...« Familienstellen als Trend, als Modeerscheinung degradiert diese Methode zum Konsumartikel. Dieser wenig ernsthafte Umgang mit dem Familienstellen dient nicht den Klienten, sondern führt zu dem Anspruch, mittels einer Aufstellung alle Probleme schlagartig lösen zu können. Ich sage meinen Klienten am Anfang jeder Gruppe:

»Die Aufstellung ist im besten Fall ein Schritt in deiner Entwicklung, nicht mehr und auch nicht weniger.« Ich verwende dabei gerne das Bild eines Segelbootes, das seinen ursprünglichen Kurs um einen Grad verändert und so an einem ganz anderen Ort ankommen wird als ursprünglich geplant. Auch die Aufstellung kann durch eine kleine »Kurskorrektur« eine große Veränderung bewirken. Wie schon betont, liegt das Wesen dieser Veränderung in der inneren Haltung, in der Einstellung der Klienten. Eine Aufstellung ist kein Wundermittel, kein Zaubertrick und bedeutet auch nicht, dass das Problem ein für alle Mal gelöst ist. Ich weise meine Klienten auch immer darauf hin, dass es ihnen nach einer Aufstellung, besonders wenn sie sehr tief geht, unter Umständen schlechter gehen kann als zuvor. Diese mögliche Verschlechterung beruht auf der Loyalität zum Familiensystem, die durch die Lösung einer Verstrickung gefährdet wird. Hier wird das Unbewusste aktiv. Durch das schlechte Gewissen und dadurch, dass man sich schlecht fühlt, wird die unbewusste Loyalität aufrechterhalten. Mir ist wichtig, dass die Klienten diesen Zusammenhang auch bewusst verstehen.

Die Dynamik des Familienstellens

Warum eine Familienaufstellung wirkt, weiß niemand ganz genau. Es gibt Hypothesen und vor allem Erfahrungen, auf die ich meine Erklärung aufbauen möchte. Durch die Aufstellung entsteht eine Art Energiefeld, einerseits durch die Gruppenmitglieder, andererseits zwischen den positionierten Stellvertretern. In jeder Gruppe sind zwanzig bis dreißig Personen, die in der Regel in einem Kreis sitzen und so eine räumliche Begrenzung bilden. In diesem Raum positioniert der Klient die Stellvertreter. Diesen sind bestimmte Rollen zugeordnet, also eine Person ist der Vater, eine die Mutter etc. Sie befinden sich durch die Art, wie sie vom Klienten aufgestellt werden, und durch die Blickrichtung in einer nonverbalen Kommunikation. Ausdruck dieser nonverbalen Kommunikation sind die körperlichen Gefühle, die die Stellvertreter wahrnehmen und äußern. Die Kommunikation wird unterbrochen, wenn beispielsweise ein Stellvertreter den Raum verlässt und die Türe geschlossen wird. Die Vermutung ist, dass aufgestellte Personen in »energetischer Kommunikation« miteinander stehen. Diese Kommunikation funktioniert immer, mit oder ohne Fakten-Wissen der Beteiligten. Ein Beweis dafür, dass Menschen in bestimmten Positionen zueinander nonverbal in Beziehung treten, ist eine Übung, die ich oft mit meinen Klienten mache:

Ich fordere die Mitglieder der Therapiegruppe auf, paarweise zusammenzutreten und sich hintereinander zu stellen, ohne miteinander zu sprechen. Ich bitte sie dann zu beschreiben, was sie wahrnehmen. Was erlebt der/die Vordere oder der/die Hintere? Wie fühlen sich die Personen? Fühlen sie sich alt oder jung, groß oder klein, als Kind oder als Elternteil, als Partner oder als Freund? Frage ich nach der Übung nach, dann haben alle Personen, obwohl kein Wort gesprochen wurde, mit dieser rein körperlichen Positionierung einhergehend Gefühle und Assoziationen, die sie in Beziehungen mit dem anderen Übungspartner versetzen.

Eine weitere Übung ist, die Personen aufzufordern, sich paarweise gegenüber zu stellen, wieder ohne Worte, diesmal mit geschlossenen Augen. Auch mit geschlossenen Augen nehmen die Personen eine Beziehung zueinander auf und es entstehen Assoziationen, die miteinander korrespondieren. So fühlt sich beispielsweise der eine Partner als Mutter, der andere als Sohn oder als Ehefrau und Ehemann. In dieser Übung kann ich immer wieder beobachten, dass die gleichen Personen durch die Veränderungen der Positionen, also indem sie sich hintereinander, gegenüber oder nebeneinander aufstellen, ihre Gefühle und ihr Beziehungsmuster zueinander verändern.

Der Klient stellt ein inneres Bild auf, das die Beziehungen zu seinen Familienmitgliedern beinhaltet. Entsprechend des »inneren Bildes« fühlen und agieren die Stellvertreter. Wird dieses Bild verändert, beispielsweise durch Umstellen der Stellvertreter, dann verändern sich auch die Gefühle der Stellvertreter. Im realen Leben ist das Umstellen der Stellvertreter ja nicht möglich. Aber es geht auch nicht darum, dass der Klient in das System eingreift, vielmehr wird sein »inneres Bild« und damit seine innere Haltung verändert. In der Konsequenz verändert sich auch sein Verhalten und schließlich verändert sich auch das System in Beziehung zu ihm.

Die Komplexität des Vorgangs besteht darin, dass das Bild eines Mitglieds des Systems seine innere Haltung und dadurch sein Verhalten bestimmt und dieses Verhalten wiederum auf die übrigen Mitglieder wirkt. Indem ich von Bildern spreche, versuche ich diesen Prozess darzustellen. Es geht nicht nur um das Individuum, sondern um seine Beziehungen und die Wechselwirkungen, die innerhalb des Systems bestehen. Diese Bilder sind Phänomene, die man nicht »machen« kann, sondern die »gefunden« werden. Durch die »gefundenen inneren Bilder« verändert sich die innere Haltung. Das wesentliche Merkmal der »gefundenen Bilder« ist die lösende Wirkung, die bei den Stellvertretern und dem Klienten sichtbar wird. In der Arbeit mit den »gefundenen Bildern« erkennt der Therapeut sehr schnell, welchen Authentizitätsgehalt sie haben. Zu einem bestimmten Zeitpunkt waren sie in der persönlichen Geschichte des Klienten bedeutsam, daher sind diese »inneren Bilder« nicht statisch und verändern sich im Lauf der Zeit.

Wenn eine Klientin ein Leben lang die innere Haltung pflegt: »Meine Mutter war ungerecht und gemein zu mir, sie hat meinen Bruder bevorzugt«, dann entsteht daraus Unzufriedenheit und ein Anspruch, der durch nichts und niemand befriedigt werden kann. Wenn aber dieselbe Klientin sagt: »Meine Mutter hat mir gegeben, was sie geben konnte. Es war in Ordnung so«, dann wird sich selbstverständlich auch das Verhalten der Mutter ihr gegenüber verändern. Der Anspruch und somit die vorwurfsvolle Haltung gegenüber der Mutter verschwindet.

»Glück ist, mit dem zufrieden zu sein, was man hat.« Dieses Hellinger-Zitat klingt banal, aber diesen Zustand von Glück wirklich zu erreichen, ist sehr schwierig. Das Geheimnis dahinter ist die Einstellung: »Ich habe genug und das, was ich bekommen habe, nehme ich dankbar an.« Wird jedoch die Einstellung gepflegt, »Ich habe zu wenig bekommen, es war der falsche Zeitpunkt, es war nicht unter den richtigen Bedingungen«, dann bleibt das Gefühl, nicht genug bekommen zu haben, um wirklich glücklich zu sein. Meiner Erfahrung nach beruht diese Zufriedenheit oft auf einer Entscheidung. Diese Entscheidung, »Es ist genug, was ich bekommen habe«, kann durch eine Familienaufstellung gefördert werden.

Die Rolle der Stellvertreter

Zur Rolle und dem Erleben der Stellvertreter möchte ich noch etwas hinzufügen. Es ist wichtig, die Rolle und das eigene Leben zu unterscheiden. Als Stellvertreter erlebe ich, dass mir kein menschliches Gefühl fremd ist, ich kann alles fühlen, wenn ich in der Rolle bin. Trotzdem ist es für die Stellvertreter wichtig, sich parallel zu ihrer Rolle der eigenen Identität bewusst zu sein. Zugleich ist es für die Stellvertreter möglich, durch die Erfahrung in einer Rolle eigene Erkenntnisse und Entwicklungsprozesse zu aktivieren. Diese drei Phänomene laufen parallel: die Rolle, die eigene Identität und der eigene Entwicklungsprozess. Es kann daher sinnvoll sein, das Erlebnis in einer Rolle nachwirken zu lassen, also in dieser Rolle noch etwas zu verbleiben. Andererseits sollten die Stellvertreter aus belastenden Rollen rasch aussteigen. Dies wird symbolisch dadurch unterstützt, dass man den Raum verlässt, sich schüttelt oder die Hände wäscht. Die Aufgabe des Therapeuten ist es, diese Phänomene zu erkennen und damit umzugehen.

Das Finden der Lösung

Das Finden der Lösung wird durch die von Bert Hellinger beschriebenen Phänomene unterstützt: durch die Bindung, die Ordnung und den Ausgleich. Wenn man als Therapeut mit diesen Grundregeln menschlicher Beziehungen arbeitet und zugleich offen bleibt für andere Phänomene, die sich auch immer wieder zeigen, dann können befriedigende Lösungen gefunden werden. Hier möchte ich betonen, dass Lösungen, die durch die Familienaufstellung gefunden werden, oft dem widersprechen, was die Klienten bewusst erlebt und beschrieben haben.

Ein junges Paar hat ein dreijähriges Kind. Die Frau fühlt sich in der Beziehung nicht verstanden. Sie verliebt sich in einen anderen Mann und denkt selbstverständlich, da das Kind sehr an ihr hängt, es muss mit ihr gehen, da es ja offensichtlich zeigt, wie sehr es sie liebt. Das Ehepaar nimmt an einer Aufstellung teil, und die beiden erleben, dass nicht die Frau die Unverstandene in der Beziehung ist, sondern dass sie den Mann nicht verstanden hat. Sie hatte den Mann nie als Ehemann gewürdigt, sondern als Versorger, Beschützer, als Ersatz für die Mutter »missbraucht«. Für die Frau steht die Welt auf dem Kopf, fühlte sie sich zuvor als Opfer, muss sie nun erkennen, dass sie aufgrund ihrer Verstrickung den Ehemann nicht als Mann nehmen konnte. Diese Erkenntnis war sehr unangenehm, fast wie ein Schock. In der Folge konnte sie die Verstrickung in ihrem Ursprungssytem lösen. Ihr ursprüngliches Anliegen, die Beziehung zu ihrem Mann aufrechtzuerhalten, wurde dadurch möglich.

An dieser Stelle möchte ich betonen, dass Moral oder gesellschaftliche Konventionen beim Finden der Lösungen keine Rolle spielen. Nehmen wir noch einmal das junge Paar als Beispiel. Wenn die Lösung so gelingt, dass die Beziehung tiefer und liebevoller wird und mehr Nähe möglich ist, spielen moralische Überlegungen keine Rolle.

Bert Hellinger geht so weit, dass er sagt, eine Außenbeziehung in einer Ehe soll nicht erzählt oder »gebeichtet« werden. Diese Ehrlichkeit hat meist eine schlechte Wirkung auf die Ehe. Wird diese Außenbeziehung so stark, dass der jeweilige Partner/die Partnerin die Ehe verlassen möchte, dann muss darüber gesprochen werden. Ein Abenteuer geht den Partner nichts an. Durch das »Beichten« einer Affäre schiebt der fremdgehende Partner seine Verantwortung für die Außenbeziehung auf seinen Ehepartner.

Die Grundphänomene Bindung, Ordnung und Ausgleich sind nur Leitlinien in der Familienaufstellung. Der Therapeut kann vorher niemals wissen, wie die Lösung aussehen wird. Auch er muss sich den Phänomenen, die die Stellvertreter erleben, überlassen und mit einer wachen Aufmerksamkeit die Dynamik der Aufstellung begleiten. Alle Gefühle, die die Stellvertreter äußern, müssen beachtet werden, um schließlich das Ziel der Aufstellung zu erreichen, an dem jedes dargestellte Familienmitglied sich gewürdigt und in seiner Position anerkannt fühlt, denn nur dann geht es ihm gut. Gewürdigt oder wertgeschätzt werden muss, was der eine für den anderen getan hat. Angefangen bei der Mutter, die ein Kind geboren hat, beim Vater, der durch seine Arbeit die Familie versorgt, bis hin zur Liebe eines früheren Partners.

Oft beobachte ich, dass bei Trennungen der Partner, der geht, den Verlassenen schlecht macht, um Schuldgefühle zu vermeiden. Daraus resultieren aber nur wieder neue Schuldgefühle, da man ja schlecht über den ehemaligen Partner spricht. In einer Familienaufstellung könnte man dem Partner sagen: »Danke für deine Liebe, danke für das, was du mir gegeben hast. Es tut mir Leid, ich konnte dir nicht mehr geben und ich wünsche dir Glück ...« Dann ist diese vielleicht schon lange zurückliegende Beziehung positiv abgeschlossen. Beide Partner sind frei, eine neue Beziehung einzugehen und in dieser auch wieder glücklich zu werden.

Diese Dankbarkeit für eine vergangene Beziehung ist wichtig. Man hat kein Recht darauf, lebenslänglich von einem anderen Menschen geliebt zu werden. Schön, wenn es passiert, aber so ist es eben nicht immer. Der Anspruch Partnern gegenüber ist oft sehr irreal. Wird der Vorwurf »Du hast mich nie verstanden, du hast mich immer nur ausgebeutet ...« über die eigentliche Dauer der Beziehung hinaus aufrechterhalten, dann setzt sich dieses Muster fort und damit bleibt auch die Bindung an den ehemaligen Partner bestehen. Durch das Würdigen der Liebe, auch wenn sie vorbei ist, und durch das »Danke« löst sich die Bindung. »Danke« steht hier für eine innere Haltung und bedeutet im Sinne des Ausgleichs »Ich habe genommen, ich bin wieder frei«.

Bindungssätze und Lösungssätze

Es gibt bestimmte Sätze im Laufe der Aufstellung, die eine wichtige Rolle beim Finden der Lösung spielen. Diese Sätze sind immer ganz einfach und berühren unmittelbar. Sie ändern sich je nach Situation. Sie lassen sich nicht rezeptartig anwenden, sondern entsprechen genau der besonderen Situation. Ein Bindungssatz drückt die Dynamik aus, die zwischen den Mitgliedern eines Systems wirkt.

Übernimmt eine Tochter das Leid der Mutter, kann man die

Dynamik durch folgenden Bindungssatz sichtbar machen: »Dir zuliebe trage ich dein Leid.« Allein das Aussprechen dieses Satzes kann ausreichen, um einen Heilungsprozess einzuleiten.

Der Lösungssatz wäre, wieder von der Tochter zur Stellvertreterin der Mutter: »Ich danke dir für mein Leben, dein Leid lass ich bei dir.« In den meisten Fällen ist aber der Bindungssatz, die Erkenntnis, dass ich aus Liebe zur Mutter oder aus Liebe zum Partner etwas für sie oder ihn übernommen habe, ein Weg zur Lösung. Die Bindungssätze machen die Dynamik im System klar, die Lösungssätze lösen diese Dynamik. Es kann aber auch passieren, dass ich nach einem Bindungssatz die Aufstellung abbreche. Das tue ich immer dann, wenn durch den Bindungssatz Gefühle lebendig werden, die bis dahin unbewusst waren, oder die Erkenntnis der Aufstellung zu erschütternd ist.

Tragisch ist, wenn eine Tochter die Traurigkeit ihrer Mutter mitträgt. Dies nützt weder der Mutter noch der Tochter. Das Sprichwort »Geteiltes Leid ist halbes Leid« gilt hier nicht. Wenn ein Kind das Leid der Mutter übernimmt, entsteht doppeltes Leid, denn beide müssen leiden. Bert Hellinger wurde oft gefragt, warum es überhaupt zu diesen Übernahmen kommt. Die einzige Erklärung ist: »Der Bindung im Familiensystem wird alles geopfert, man kann diese Bindung auch Liebe nennen.«

Lösungsrituale

Diese Rituale unterstützen den seelischen Prozess der Lösung. Sie verkörperlichen den seelischen Vorgang.

1. Das Verneigen ist der tiefste Ausdruck für Achtung und gleichzeitige Lösung. Je schwerer dem Klienten die Zustimmung bzw. Anerkennung fällt, desto tiefer und länger muss er sich in der Aufstellung vor den betroffenen Stellvertretern verneigen. Ich unterscheide, je nach Schwere der Verstri-

ckung, vier Stufen der Demutshaltung: Die erste, schwächste Form ist das Neigen des Kopfes, die zweite ist das Verneigen, also den Oberkörper stehend beugen, die dritte ist Knien mit gebeugtem Oberkörper, wobei die Handflächen als Ausdruck des Loslassens nach oben geöffnet sind, die letzte Stufe ist der stärkste Ausdruck von Demut, indem sich der Stellvertreter »auf den Boden wirft«.
Alle Rituale werden wortlos vollzogen. In der Regel wirken sie sehr stark und erzeugen oft eine große Betroffenheit bei den Beteiligten. Alle spüren die heilende Kraft von »zustimmendem Lassen«. In der Aufstellung wird dieser »Vollzug«, wie Bert Hellinger das Vollziehen eines Rituals beschreibt, oft als Energiesprung wahrgenommen.

2. Für übernommene Schuld oder ein übernommenes Gefühl ist es in der Aufstellung manchmal hilfreich, einen schweren Stein als Symbol für das Übernommene zu wählen. Ich fordere den Klienten auf: »Lege alles, was du getragen hast, in diesen Stein. Wenn du bereit dazu bist, dann schaue genau hin und gib den Stein zurück.« Unterstützt durch einen Lösungssatz wie beispielsweise »Dein Leid lasse ich bei dir und nehme dankbar mein Leben« übergibt der Klient dem betroffenen Stellvertreter den Stein als Ausdruck des Übernommenen.

Die Rolle des Therapeuten

Ganz dabei und gleichzeitig ganz weg

Die erste Aufgabe des Therapeuten ist es, eine gesammelte Atmosphäre zu schaffen und das Anliegen abzuklären. Gemeinsam mit dem Klienten bestimmt er die Personen für die Aufstellung. Damit der Klient die Positionierung der Stellvertreter »mit gesammeltem Ernst« vornehmen kann, gebe ich spezielle Anweisungen. Mir ist die »Ernsthaftigkeit« beim Stellen sehr wichtig. »Fehlender Ernst« zeigt sich an irrelevanten Zwischenfragen wie: »Soll ich meine Mutter so aufstellen, wie ich sie jetzt sehe oder wie ich sie als Kind wahrgenommen habe?« Wirkt der Klient unkonzentriert oder werden die Stellvertreter mehrfach hin- und herverschoben, dann ist keine wirkliche Sammlung vorhanden.

Nach der Positionierung gehe ich bewusst in die Aufstellung oder in das energetische Feld der Aufstellung hinein und bewusst auch wieder heraus. Das Hineingehen in das Feld hilft mir, den nächsten und/oder lösenden Schritt zu erspüren. Durch das Herausgehen aus dem Feld lasse ich das Ganze auf mich wirken. Während der Aufstellung achte ich sehr genau auf die verbalen und nonverbalen Reaktionen der Stellvertreter in ihrer momentanen Rolle: »Ich fühle mich gut«, »Ich fühle mich überflüssig«, etc. Entsprechend ihren Äußerungen werden die Stellvertreter umgestellt. Bert Hellinger beschreibt den Zustand des Therapeuten während des Aufstellens als »gleichzeitig ganz dabei und zugleich ganz weg sein«. Um keine eigenen Projektionen, Übertragungen oder eigene Wertvorstellung in die Aufstellung hineinzubringen, ist es erforderlich, dass der Therapeut sich selbst sehr gut kennt. Gesellschaftliche Konventionen spielen in der Familienaufstellung keine Rolle, nur »was die Liebe verstärkt und unterstützt«.

Das Familienstellen basiert immer auf den Regeln von Bindung, Ordnung und Ausgleich. Meine Grundfrage lautet daher: »Wo ist der natürliche Fluss der Liebe unterbrochen?« Diese Regeln verwende ich als Hintergrundraster, von dem ich mich jederzeit lösen kann, um neue individuelle Phänomene zu verfolgen. Die Offenheit für unerwartete Entwicklungen hat für mich den gleichen Stellenwert wie die Regeln von Bindung, Ordnung und Ausgleich. Wichtig im Prozess der Aufstellung ist es, die häufige Tragik der Verstrickung darzustellen und ihr genügend Raum zu geben. Nachdem die Verstrickung offensichtlich ist, können Lösungsschritte entwickelt werden. Das Aufzeigen des gesamten Prozesses erzeugt einen so tiefen Widerhall im Klienten, dass er diese Lösung auch annehmen und umsetzen kann.

Bert Hellinger hat zu Beginn seiner Praxis des Familienstellens vor fünfzehn Jahren zuerst die Lösungen aufgestellt, ohne den Entwicklungsprozess hin zur Lösung zu zeigen. In vielen Fällen hatte das keine Wirkung. Daraufhin erkannte er, dass der gesamte Prozess der Ver- und Entstrickung dargestellt werden muss, damit der Klient diesem Prozess mit seiner Seele folgen kann.

Während der Familienaufstellung stelle ich mir immer wieder die Frage: »Was könnte die Lösung sein?« Das heißt nicht, dass ich an einer Lösung festhalte. Vielmehr zeigen sich im Laufe einer Aufstellung unterschiedliche Lösungsmöglichkeiten, die ich mithilfe der Stellvertreter überprüfe. Besteht beim Klienten die Vermutung, dass seine Mutter einen ersten Partner hatte, wird ein Stellvertreter für ihn zum System der Mutter gestellt. An der Reaktion der Stellvertreter lässt sich der

Wahrheitsgehalt dieser Vermutung ablesen. Offenheit für alle Vorgänge in der Aufstellung ist eine wichtige Voraussetzung für das Gelingen der Arbeit und macht sie zugleich so schwierig.

Wenn Klienten massiv Gefühle verdrängen, bin ich oftmals gefühlsmäßig involviert. Das kann so weit gehen, dass ich zu weinen beginne, wenn die Klienten eigentlich solche Gefühle zeigen müssten. Meine Tränen entstehen nicht durch Mitgefühl, sondern sind Ausdruck eines übernommenen Gefühls, das der Klient nicht erleben kann oder will. Für mich ist diese emotionale Reaktion mittlerweile ein Indiz für verdrängte Gefühle geworden.

Ich werde oft gefragt, wie ich auf Lösungs- oder Bindungssätze komme. Vielleicht ist es Intuition. Meiner Meinung nach entspringen sie einem großen Fundus an Erfahrungen, die ich im Laufe meiner Tätigkeit und meines Lebens ansammeln durfte. Aber auch für mich gibt es in Aufstellungen Situationen, mit denen ich als Therapeutin nicht weiterkomme. Dann überwiegt das Gefühl: »Ich weiß nicht mehr weiter, es gibt keine Lösung.« In dieser Situation habe ich zwei Möglichkeiten. Die erste ist, dem Gefühl nachzugeben und zu sagen: »Ich glaube, da gibt es keine Lösung.« In dem Moment, wo ich dieser »Unfähigkeit« zustimme, zeigt sich oft die Lösung. Woher sie kommt, weiß ich nicht. Die zweite Möglichkeit ist zu warten. Ich warte ab und gehe bewusst in das Feld hinein, zwischen die wesentlichsten Stellvertreter. In dem Feld spüre ich die Dynamik und damit auch, was die Lösung sein könnte.

Übertragungen beim Finden von Lösungen

Das Phänomen der Übertragung wurde erstmals von Sigmund Freud beschrieben. Es besagt, dass wir Gefühle und Verhalten, die wir Mutter oder Vater gegenüber haben, auf andere Frauen und Männer übertragen. Dieses Phänomen wird vor allem, aber nicht nur, bei Vorgesetzten und Autoritätspersonen wie Lehrern, Chefs, Ärzten und Therapeuten beobachtet. Selbstverständlich begegnet mir dieses Phänomen auch in den Familienaufstellungen. Die Wut, die ein Klient auf eine Therapeutin bekommt, hat oftmals ihren Ursprung in der Beziehung des Klienten zu seiner Mutter oder zu seinem Vater. In der Regel ist die Erwartung von Kindern an die Mütter größer als an die Väter, also der Anspruch auf Liebe, Zuwendung und Geborgenheit. Dieser Anspruch wird selten befriedigt, daher verhalten sich die Klienten im Sinne der Übertragung »mütterlichen« Therapeutinnen gegenüber anders als »väterlichen« Therapeuten. Väter werden eher als Autoritäten anerkannt, daher werden deren Vorschläge, Anweisungen und Verhaltensempfehlungen von den Klienten leichter angenommen.

Meine Erfahrung hat mich gelehrt, dass dieses Phänomen der Übertragung beim Familienstellen sehr hilfreich eingesetzt werden kann. Das zeigt die Krankengeschichte von Gitti (s. S. 107) sehr deutlich: In diesem Fall war die Loyalität zum Schicksal der Mutter so groß, dass es für die Klientin unmöglich war, Wut ihrer Mutter gegenüber zu entwickeln. In der Übertragung der Mutter auf mich als Therapeutin war es ihr aber sehr wohl möglich, Wut zu entwickeln und sich dadurch ein Stück von der Mutter zu lösen. Ich agierte also unfreiwillig als Stellvertreterin für Gittis Mutter, indem ich mich als »mütterliche« Therapeutin den Gefühlen der Klientin stellte, die sie von der Mutter auf mich verschob. So bekam Gitti die Chance auf eine Lösung.

Die Übertragung passiert immer spontan. Wir können damit unterschiedlich umgehen. Bemerke ich während der Familienaufstellung, dass ein Klient eine Mutterübertragung auf mich entwickelt, schlage ich dem Klienten vor, seine Mutter aufzustellen. Mit dieser Strategie kann ich die Übertragung auflösen und die Gefühle des Klienten dorthin führen, wo sie »hingehören«. Manchmal ist dieses Vorgehen nicht möglich, vielleicht weil der Klient bei der Übertragung bleiben will und mir vorwirft: »Das stimmt gar nicht. Hier geht es nicht um meine Mutter, es geht um Sie!« In einem solchen Fall muss ich einen anderen Weg finden. In Gittis Fall habe ich die Wut zugelassen, sehr wohl mit dem Wissen, dass es hier um die Beziehung zu ihrer Mutter ging. Indem ich das Gefühl ernst genommen habe, hatte Gitti erstmals die Möglichkeit, diese Wut auf ihre Mutter auszudrücken. Letztendlich war die Wirkung, auch wenn sie auf einer Übertragung basierte, so positiv, dass ich jeder Therapeutin und jedem Therapeuten nur raten kann, damit zu arbeiten.

Der Umgang mit dem Symptom

Krankheit und Symptom

Mein Hauptanliegen als Ärztin ist auch in der Psychotherapie die Arbeit mit Kranken. Dies führte mich zur Frage: »Wie kann ich die Methode der Familienaufstellung spezifisch zur Heilung von Krankheiten und Symptomen einsetzen?« Ich erkannte, dass man für Krankheiten und Symptome ebenso wie für Menschen Stellvertreter bestimmen und aufstellen kann. Hier kann man für die Krankheit oder das Symptom, also beispielsweise für die Krebserkrankung, einen Stellvertreter wählen. Diese Rolle ist abstrakt, der Stellvertreter kann sich an keine Realität halten außer dem, was er in dieser Rolle spürt. Das Erstaunliche ist, dass die Person, die das Symptom vertritt, genauso Empfindungen wahrnimmt, wie in jeder anderen Rolle.

Das Symptom als Ausdruck der Liebe

Wie im vierten Kapitel beschrieben, kann der Patient in seiner Krankheit bzw. in seinem Symptom einen individuellen Sinn finden. Die positive Interpretation von wiederholten Verkühlungen wäre: »Ich muss mir mehr Zeit für mich nehmen.« Das kann beim Durchbrechen des Teufelskreises hilfreich sein: »Keine Zeit, keine Erholung, immer nur für andere da sein ...«

usw. Diese positiven Interpretationen funktionieren nicht immer und stoßen vor allem bei tieferen Beeinträchtigungen an Grenzen. Beim Familienstellen sehe ich Krankheit und Symptom als Ausdruck von Liebe im Sinne der Bindungsliebe. Diese Form der Liebe ist immer unbewusst und genau deswegen kann sie durch das Familienstellen bewusst werden.

Eine einfache Übung mache ich mit den Klienten in der Symboltrance. Ich fordere sie auf, für das Symptom ein Symbol zu finden. Wenn dieses Symbol ein angenehmes ist, zum Beispiel eine Blumenwiese, dann fühlt sich der Klient damit wohl. Er fühlt sich in seiner Verstrickung als auch mit dem Symptom bzw. der Krankheit wohl. Für mich in meiner therapeutischen Arbeit bedeutet das, dass die Liebe zum System stärker ist als der Wunsch nach Genesung. Allein die Beachtung des Symbols erspart mir viele therapeutische Umwege auf der Suche nach der Lösung. Ist das Symbol bedrohlich und Angst einflößend, beispielsweise ein Skelett, sehnt sich der Klient nach einer Lösung. In diesem Fall ist es wichtig, die Liebe zu diesem Bedrohlichen, von dem man nicht weiß, für wen oder was es steht, zuzulassen. Ich fordere den Klienten dann auf, das Symbol genau anzuschauen und »ihm zu geben, was es braucht«. Meiner Erfahrung nach ist das immer Liebe und Würdigung. Gelingt es dem Patienten, dieser Liebe bzw. diesen Gefühlen Raum zu geben, ist dies der erste Schritt zur Genesung.

Indem ich anerkenne, dass die Symptome Ausdruck von Liebe sind, gelingt mir eine sehr viel konstruktivere Annäherung an die jeweilige Leidensgeschichte. Daraus resultiert verständnisvolle Liebe auch beim Therapeuten.

Das Symptom als Indikator für Lösungen

Für den Einsatz des Symptoms in der Aufstellung gibt es zwei Möglichkeiten. Die eine ist diagnostischer Natur, sie zeigt an, wohin das Symptom »gehört«. Wenn man das Symptom in einer Aufstellung zur Vater- bzw. zur Mutterfamilie stellt, nimmt der Stellvertreter für das Symptom ganz genau wahr, wo er sich am wohlsten fühlt bzw. wo sein richtiger Platz ist. Diese Erkenntnis kann in der Diagnostik hilfreich sein, da ich als Therapeutin so erfahre, wo ich weitersuchen muss.

Weiter ist das Symptom ein Indiz für die Lösung. Hat man in der Aufstellung die richtige Lösung gefunden, dann sagt das Symptom immer: »Jetzt bin ich überflüssig, jetzt braucht es mich nicht mehr, ich kann gehen.« Wann immer sich der Stellvertreter des Symptoms so oder ähnlich ausdrückt, weiß ich: »Hier haben wir die Lösung gefunden.«

Ich denke an einen Klienten, der schon immer den Verdacht hatte, nicht der leibliche Sohn seines Vaters zu sein. Vielmehr glaubte er, dass die Mutter während des Krieges einen Liebhaber hatte, der sein Vater war. Dieses Geheimnis wurde immer verschwiegen und auf Nachfragen des Sohnes bestritt die Mutter den Verdacht. In der Aufstellung bestätigte sich das Bild des Sohnes. Ich habe das Symptom zuerst zur Familie des Vaters gestellt, hier fand sich kein Platz, an dem sich das Symptom überflüssig fühlte. Dann habe ich das Symptom zur Mutter gestellt und die Hypothese des Sohnes verfolgt, also den Stellvertreter des »anderen Mannes« dazugeholt. Daraufhin sagte der Stellvertreter des Symptoms: »Jetzt kann ich gehen.« Damit war die Lösung klar.

Aufgrund meiner Erfahrung mit dem Aufstellen der Symptome bin ich mittlerweile von der klassischen Positionierung durch den Klienten abgekommen. Oft bitte ich den Stellvertreter des Symptoms, sich frei im Raum zu bewegen. Der Stellvertreter soll nur seinem inneren Impuls folgen und ich frage nach, was er empfindet, wenn er innerhalb der Aufstellung einen neuen Platz einnimmt. Die Stellvertreter von Symptomen und Krankheiten agieren genauso, wie die Stellvertreter einer klar definierten Rolle, wie Vater, Mutter oder Geschwister. Man kann beobachten, dass das Symptom nur so lange zum Familiensystem gehört, wie es gebraucht wird.

Das Symptom kann auch ein Verhaltenssymptom sein, wie im Fall des Mannes, der mit seiner »Erfolglosigkeit im Beruf« in die Gruppe kam. Es wurde klar, dass sein Vater ebenfalls erfolglos in seiner Arbeit war und deswegen von der Mutter verachtet wurde. Ich habe den Vater, die Mutter, den Klienten und das Symptom »Erfolglosigkeit« aufgestellt. Nachdem der Sohn den Vater »als seinen Vater gewürdigt« hatte, konnte sich das Symptom zurückziehen, es wurde nicht mehr gebraucht. In der Konsequenz konnte sich der Sohn durch diese Lösung seinen Erfolg »leisten«, denn er musste nicht mehr seinem Vater zuliebe erfolglos bleiben.

Bei übernommener Schuld kann es vorkommen, dass sich das Symptom zu den Opfern legt und sagt: »Hier fühle ich mich gut.« Dann kann der Klient sein Symptom dort lassen, wo die Ursache liegt, beispielsweise bei den Kriegsopfern.

Während einer Aufstellung wird mir manchmal klar, dass zu diesem Zeitpunkt keine Lösung möglich ist. Vielleicht weil die Loyalität, beispielsweise zum Großvater, stärker ist als alles andere. Dann kann man dem Symptom nur zustimmen und sagen: »Aus Liebe zu dir bleibe ich weiter depressiv.« Diesem Klienten würde ich empfehlen, wann immer das Krankheitsbild auftritt, den Großvater anzuschauen und zu sagen: »Aus Liebe zu dir trage ich die Depression gerne weiter.« Alleine durch diesen Satz kann in Folge, vielleicht nach zwei oder drei Jahren, eine Lösung möglich werden und das Symptom kann verschwinden. Solche Sätze gebe ich den Klienten wie Verhaltensempfehlungen mit. Die Wirkung ist für mich fast vergleichbar mit der eines Medikamentes.

Symptom und Geheimnis

In jeder Familie gibt es Geheimnisse. Viele dürfen und sollen auch Geheimnisse bleiben, wie beispielsweise die Intimsphäre der Eltern. Aber auf bestimmte Geheimnisse hat ein Kind ein Recht: Alles, was mit der Herkunft des Kindes zusammenhängt, muss es erfahren. Dazu gehört: Wer war der leibliche Vater, auch wenn dieser nicht in der Familie lebt? Wer waren die Eltern, wenn es sich um ein adoptiertes Kind handelt? Wo gibt es Halbgeschwister und was ist mit ihnen passiert? Sind ältere Geschwister gestorben? Diese Aufklärungspflicht der Eltern gegenüber ihren Kindern umfasst auch abgetriebene oder tot geborene oder weggegebene Geschwister.

Wichtig sind auch wesentliche Partnerschaften der Eltern vor der Geburt des Kindes. Da laut Bert Hellinger Kinder aus den folgenden Beziehungen Partner aus früheren Beziehungen ersetzen, ist es für das Glück des Kindes unerlässlich, von diesen Beziehungen zu wissen.

Auch Geheimnisse aus dem Familiensystem gehören den nachfolgenden Generationen auf angemessene Weise offenbart. Existieren Fälle von frühem Tod, gewaltsamem Tod, Verbrechen oder schlimme Schicksale in zurückliegenden Generationen? Auf welche Weise und in welchem Umfang solche Geheimnisse aufgedeckt werden sollen, liegt an dem Schicksal der folgenden Generationen. Tritt beispielsweise bei einem Enkelkind eine schwere Depression auf, dann kann im Sinne der systemischen Familiendynamiken das Wissen um ein Geheimnis entscheidend für die Lösung und somit Gesundung sein.

So lernte ich in der Klinik eine Pastoralassistentin kennen, die vor allem todkranke Patienten betreute. Ich fragte sie, was sie mit diesen Patienten noch tun könne. Sie erzählte mir, dass sie immer fragte, was diese Patienten, die alle um ihren nahen Tod wussten, noch zu erledigen hätten. Sehr oft war das dringende Bedürfnis vorhanden, ein Geheimnis aus ihrem Leben oder aus ihrer Familie zu offenbaren. Offensichtlich bedeutete es den Todkranken sehr viel, vom Druck dieses Wissens um ein Geheimnis befreit zu werden, und sie reagierten sehr erleichtert, wenn es gelang.

Geheimnis und Schuld

Gerade jetzt ist zu beobachten, dass Verbrechen aus der Nazizeit nachgefragt und aufgedeckt werden. Die meisten Täter haben gegenüber ihren Familien nie darüber gesprochen oder verständliche Rechtfertigung für ihre Taten angeführt.

War die Tätergeneration noch zu befangen, sind es die Kinder und Enkel, die Gewissheit über die Rolle ihrer Vorfahren haben wollen. Zwar steht die Loyalität zum System der Aufklärung entgegen, aber das Unwissen führt sehr häufig zu schwersten Symptomen wie Depressionen, Sterilität oder Angstsymptomatiken. Die verzweifelten Anstrengungen, »nicht wissen zu wollen«, kippen irgendwann in die Forderung nach Aufklärung.

Auch die Arbeit von Bert Hellinger ist in diesem Kontext zu sehen. In den Familienaufstellungen komme ich oft an den Punkt, wo offensichtlich ist, dass die Klienten durch die Schuld in vorangegangenen Generationen belastet sind. Meist liegen vage Vermutungen oder gar keine Information vor. Nachforschungen sind schwierig, da die Betreffenden oft schon gestorben sind oder alles »vergessen« haben.

Ergeben sich beispielsweise durch die Reaktionen der Stellvertreter Hinweise auf Schuld, kann ich diesen nachgehen. Nicht immer ist es sinnvoll, diese Schuld aufzudecken. Sind die Klienten noch zu sehr in der Loyalität zum System gefangen, kann eine Aufdeckung schuldhafter Zusammenhänge eine extreme Verschlechterung der Situation bewirken. Eine weitere Gefahr der Aufdeckung von Schuld liegt in der Verurteilung der Schuldigen durch die Nachfahren. Das darf keinesfalls passieren.

Die Lösung ist immer, das Schicksal zu würdigen, auch das Schicksal des Täters, und seine Taten in seiner Verantwortung zu lassen. In der Beschreibung der Fälle ist das Verneigen immer wieder eine der wesentlichsten Interventionen. Im Verneigen ist das Würdigen und das Lassen gleichermaßen enthalten.

Symptom und Versöhnung

Meine ganze therapeutische Arbeit beruht darauf, das Symptom als Helfer und Freund anzuerkennen und zu nutzen. Zum ersten Mal habe ich diese Sichtweise in der Methode »Reframing« (Umdenken) im NLP kennen gelernt. Krankheiten sind für mich Helfer, den eigenen Weg zu finden und sich selbst und seinen Platz im System zu erkennen und dem zuzustimmen. Der Kampf gegen die Krankheit fördert zugleich die Bindung an die Krankheit. Ich interpretiere diesen Kampf als Ausdruck des Festhaltens an der unbewussten Verstrickung. Nur die Zustimmung zur Krankheit kann lösen. Deswegen ist es sinnvoll, das Bild des Kampfes gegen das Bild der Versöhnung auszutauschen und die Krankheit als wesentlichen Teil von sich selbst und vom Leben anzunehmen. Dies gilt auch im Umgang mit dem Tod. Diese Erkenntnis meinen Patienten zu vermitteln, ist meine Hauptaufgabe. Auch in Familienaufstellungen findet Versöhnung statt. Versöhnung von Tätern und Opfern, Versöhnung mit Krankheit und Tod, vor allem mit den Phänomenen, die wir nicht wahrhaben wollen. Die »Ordnungen der Liebe«, wie Bert Hellinger sie beschreibt, ermöglichen diese Versöhnung schrittweise.

Die Bewegungen der Seele

Mit den »Bewegungen der Seele« setzt Bert Hellinger seine Arbeit fort. Hier kann Versöhnung ohne Worte, allein durch die Bewegungen der Stellvertreter, erfolgen. Das Besondere daran ist, dass sich die Stellvertreter entsprechend ihren inneren Impulsen frei im Feld der Aufstellung bewegen. Die Bewegungen der Stellvertreter scheinen dem Prinzip der Versöhnung zu folgen.

Der 63-jährige H. kommt wegen Potenzstörungen zum Seminar. Als Symbol für sein Symptom erscheint in der Trance die Nacht. Daraufhin suchte er einen Stellvertreter für sich selbst und die Nacht aus und stellt sie gegenüber auf. Ich bitte die Stellvertreter, sich ihren inneren Impulsen entsprechend zu bewegen. In der ersten Bewegung umklammert H. die Nacht, bis sie ihn wegstößt. Er dreht sich weg, wirkt verzweifelt und orientierungslos. Nach einiger Zeit wendet er sich wieder der Nacht zu. Die Nacht steht mit offenen Armen da und blickt freundlich auf H. Dieser verneigt sich vor ihr, kniet sich hin und verharrt etwa fünf Minuten in dieser Haltung. Danach steht er auf und beide blicken sich intensiv und lange an. Dabei lasse ich es.

»Bewegungen der Seele« brauchen sehr viel Zeit. Die Aufgabe des Therapeuten ist es, wachsam dabei zu sein. Die oben beschriebene Aufstellung möchte ich vor dem Hintergrund der Informationen, die der Klient noch gab, betrachten:

Die jüdische Mutter seines Vaters starb bei dessen Geburt. Deren Schwester adoptierte daraufhin den Vater des Klienten. Diese Frau wurde in Auschwitz umgebracht. Es liegt nahe, dass die Nacht ein Symbol für den Tod der Mutter und der Tante des Vaters war. In der Aufstellung wurde deren Schicksal gewürdigt.

Das Wesen der »Bewegungen der Seele« ist, diese Dynamik nicht weiter zu interpretieren. Um die Methode zu veranschaulichen, habe ich es hier mit aller Vorsicht begrenzt getan. Im beschriebenen Fall wurden nur das Symptom und der Klient aufgestellt. Das folgende Beispiel zeigt die Bewegungen der Seele beim Aufstellen von Personen.

Die 39-jährige Elsa leidet sehr unter der Kontaktlosigkeit zu ihrem Vater. Der Vater hat die Mutter verlassen, als die Klientin vier Jahre alt war. Die Mutter des Vaters, Elsas Großmutter, war im KZ ermordet worden.

Aufgestellt werden Elsa und die Großmutter. Zuerst stehen sie sich gegenüber. Dann legt sich die Großmutter langsam auf den Boden und Elsa legt sich daneben. Sie dreht sich zur Großmutter und umfasst diese liebevoll. Nun hole ich einen Stellvertreter für den Vater dazu und stelle ihn vor die beiden Liegenden. Der Vater setzt sich seitlich neben Elsa. Sie richtet sich auf und lehnt sich sitzend an den Vater, beide umarmen sich und blicken ehrfürchtig auf die liegende Großmutter. Nun schließt die Großmutter die Augen und liegt ganz ruhig und entspannt. Das Bild wirkt durch Stille und Frieden.

Ohne ein einziges Wort war klar, dass die Großmutter Frieden hatte, als die Liebe zwischen ihrem Sohn und ihrer Enkelin fließen konnte und beide in Ehrerbietung auf sie blickten.

Vier Wochen später, in der nächsten Gruppe, berichtet Elsa von wesentlichen Veränderungen. Ihr Vater habe nach langer Zeit wieder Kontakt zu ihr aufgenommen und ihr spontan die Briefe seiner Mutter zum Lesen angeboten. Sie freut sich sehr und ist ganz gelöst.

An diesem Wochenende berichtet eine andere Teilnehmerin (Lore) von ihrem Vater, der bei der SS war. Sie zeigt keinerlei Betroffenheit. Elsa jedoch reagiert auf diesen Bericht mit starker Übelkeit und läuft aus dem Raum. In der nächsten Runde nach der Pause erzählt Elsa von dem Gespräch mit Lore über deren Vater.

Elsa wirkt dabei überheblich und selbstgerecht. Ich schlage eine Aufstellung vor.

Elsa wählt eine Stellvertreterin für ihre Großmutter und Lore einen Stellvertreter für ihren Vater. Ich stelle beide Stellvertreter gegenüber und fordere sie auf, nur ihren inneren Impulsen zu folgen. Sehr langsam und sensibel bewegen sich die beiden aufeinander zu, entfernen sich, um sich erneut anzunähern. Schließlich verneigt sich der SS-Mann (Lores Vater) langsam vor der Jüdin (Elsas Großmutter) und weint. Die Jüdin geht langsam auf ihn zu und legt ihre Hände auf seinen Kopf ... sehr lange. Dann zieht sie sich langsam wieder etwas zurück und der SS-Mann steht zögernd auf. Beide schauen sich lange in die Augen. Dabei lasse ich es.

Die zweite »Bewegung der Seele« beschreibt den Vorgang der Versöhnung. Versöhnung einerseits im individuellen Familiensystem, also Elsas mit ihrem Vater und der jüdischen Großmutter. Andererseits versöhnen sich Täter und Opfer aus zwei verschiedenen Familiensystemen, Elsas Großmutter und Lores Vater. Diese Versöhnung wirkt als Metapher für alle Beteiligten und vielleicht sogar darüber hinaus.

Familienaufstellungen behandeln oft Verstrickungen mit bereits Verstorbenen. Dabei begegnet mir das Thema Versöhnung häufig bei der Aufarbeitung der Vergangenheit, wie die Fallbeispiele zeigen. Über die Versöhnung der Toten hinaus ist mir die Versöhnung der Lebenden wichtig. Wenn Versöhnung im realen Leben nicht gelingt, ist sie meiner Erfahrung nach nur auf einer übergeordneten Ebene möglich. Diese Ebenen sind beispielsweise die Zugehörigkeit zu einer Familie und deren gemeinsamem Schicksal. Durch die Anerkennung dieser Zugehörigkeit wird die übergeordnete Ebene erlebbar. Es ist nicht einfach, diese transzendenten Bereiche zu erklären, in der Familienaufstellung zeigen sie sich im Besonderen in den »Bewegungen der Seele«.

»Die ›Bewegungen der Seele‹ gehen«, wie Bert Hellinger sagt, »weit über unsere Theorien und unsere Vorstellungen von Gut und Böse hinaus. Sie zeigen uns, wie sehr wir eingebunden sind in große Bewegungen ... denen wir uns einfügen müssen.«

Symbolischer Umgang mit dem Symptom zur Vorbereitung der Symptomaufstellung

Symbole für Symptome zu suchen und mit diesen zu arbeiten, ist in der therapeutischen Arbeit sehr hilfreich:

1. Das Symbol, beispielsweise ein bunter Ball für den Kopfschmerz, externalisiert das Symptom. Das heißt, das Symptom wird als bunter Ball außerhalb des Körpers wahrgenommen und der Klient kann dadurch eine Beziehung zum Symptom aufbauen. Diese Symbolisierung kann auf verschiedenen Wegen geschehen, durch Malen, durch Arbeiten mit dem eigenen Stammbaum, durch die Symptomtrance oder das Finden eines realen Symbols.
2. Durch die Symbolisierung des Symptoms ist eine verdeckte Arbeit mit direktem Zugang zum Unbewussten möglich (siehe Symptomtrance). Loyalitätskonflikte auf der bewussten Ebene, wie übernommenes Leid zuliebe eines Familienmitgliedes, können so umgangen werden.

Symptomtrance

Der erste Schritt in dieser Arbeit ist die genaue Festlegung des Symptoms. Entscheidend ist die Bedeutung des Symptoms für den Klienten und der Grad der Belastung, der daraus entsteht. Leidet der Klient unter mehreren Symptomen, arbeite ich gemeinsam mit ihm heraus, ob und wie die Symptome zusammenhängen bzw. wie sie sich gegenseitig bedingen.

Mithilfe einer Körperentspannungsübung führe ich die Klienten in eine Trance. In einer Art Traumreise führe ich sie durch Wiesen und Wälder, bis sie eine Waldlichtung erreichen. Dort angekommen fordere ich sie auf, sich einen ruhigen Platz zu suchen und an das Symptom zu denken. An dieser Stelle sage ich: »Während dein Blick über die Waldlichtung schweift, erscheint das Symptom.«

Das Symptom erscheint fast immer als Symbol, als Figur, als Person, als Fabelwesen, als etwas Abstraktes, wie beispielsweise ein »schwarzes Loch«. Das Wesentlichste bei dieser Vorbereitung ist, dass ich mit dem Symbol weiterarbeiten kann. In der Aufstellung kann ich dann für das Symbol einen Stellvertreter aufstellen.

In dem Fall von Andreas, 24 Jahre alt, ledig und kinderlos, war das Symptom Panik. In der Trance erlebte er die Panik als »schwarzes Loch«. Ich bestimmte einen Stellvertreter für das schwarze Loch. Aufgestellt wurden ein Stellvertreter für das schwarze Loch und einer für Andreas. Ich gab den Stellvertretern die Anweisung, ihren inneren Impulsen zu folgen und ihre Position selbst zu finden. Sie näherten sich langsam und liebevoll. Als sich das Symptom auf den Boden legte, legte sich der Stellvertreter von Andreas sehr langsam und behutsam daneben. Nonverbal bat er um Erlaubnis, sich ganz nahe an das Symptom schmiegen zu dürfen. Beide umarmten sich innig. Dann stand Andreas langsam auf. Das Symptom blieb entspannt und mit geschlossenen Augen liegen. Nachdem Andreas dieses Bild des Friedens in sich aufgenommen hatte, konnte er sich abwenden und »in seine Zukunft schauen«.

Vier Wochen später kam Andreas wieder in die Gruppe. Er strahlte und sagte, er habe keine Panikattacken mehr gehabt. Seither habe ich nichts mehr von ihm gehört.

Weder der Klient noch ich wussten, woher das Symptom kam und aus welcher Verstrickung es entstanden sein mochte.

Bert Hellinger würde vielleicht anmerken, »... dass die Seele schon weiß, was es bedeutet«. Das Unbewusstsein hat reagiert, es war hier nicht nötig, die Lösung dem Bewusstsein zugänglich zu machen.

Vorhin habe ich beschrieben, wie ich die Trance als Vorbereitung zur eigentlichen Aufstellung einsetze. In manchen Fällen habe ich erlebt, dass allein durch die Trance bereits eine heilende Wirkung ausgelöst werden konnte. Um dieses Phänomen zu erklären, möchte ich noch einmal auf den Ablauf der Trance eingehen. Wenn das Symptom »erschienen« ist, fordere ich den Klienten auf, dem Symptom »zu geben, was es braucht, damit es ihm besser geht«. Es ist nicht nötig, detailliert zu erklären, was das Symptom brauchen könnte, das erklärt sich selbst aus der Visualisierung. Meist ist es Liebe, Aufmerksamkeit und Zuwendung. Ich bitte die Klienten, alle Veränderungen wie in einem Traum geschehen zu lassen und wahrzunehmen. Am Ende der Trance fordere ich sie auf, sich vor dem Symptom zu verneigen. Die Aufstellung findet sozusagen bereits in der Vorstellung statt.

Reales Symbol für das Symptom

Bei dieser Arbeit mit dem Symptom, die ich im NLP gelernt habe, fordere ich die Klienten auf, einen realen Spaziergang zu machen und dabei an das Symptom zu denken. Sie sollen sich vorstellen, das Symptom rufe nach ihnen. Quasi als Erinnerung können sie ein Symbol aus der Natur mitnehmen. Dieses Symbol kann ein Stock, ein Blatt, ein Tannenzapfen oder eine verrostete Dose sein. In der Folge soll die Klientin bzw. der Klient das Symbol pfleglich behandeln und es mit sich tragen. Diese Aufgabe hat den Sinn, das Symptom aus der körperlichen Gebundenheit nach außen zu bringen. Nun kann sich der Klient auf eine andere Art mit seinem Symptom auseinander setzen und es nicht mehr als Feind, sondern als Freund betrachten und dementsprechend damit umgehen.

Ein Mann, 52 Jahre alt, verheiratet, ein Sohn, litt unter Psoriasis (Schuppenflechte). Auffallend war, dass die Krankheit schlimmer wurde, als er sich sehr glücklich verheiratete. In der Trance sah er das Symbol als Stachelschwein. Es wollte Aufmerksamkeit von ihm. Er nahm die Aufgabe des Therapeuten ernst, sich das Stachelschwein als täglichen Begleiter vorzustellen. Die Psoriasis verschwand. Diese Heilung hielt an, auch nachdem das Stachelschwein aus seiner Vorstellung »verschwand«.

Auch in diesem Fall ist die Verstrickung als Ursache der Krankheit nicht klar geworden. Trotzdem wurde die Krankheit durch die symbolische Arbeit mit dem Symptom geheilt.

Ein Ehepaar ist seit dreißig Jahren verheiratet. Sie haben zwei erwachsene Kinder. Der Ehemann konnte nicht treu sein, er hatte immer wieder Außenbeziehungen. Der Klient benannte sein Symptom (Außenbeziehungen) dann in »Angst vor Nähe« um, und während der Aufstellung wurde deutlich, dass er die Angst vor der Nähe von seiner Frau übernommen hatte. Diese Erkenntnis schockte den Ehemann, war doch sein Symptom, für das ihn jeder verachtet hatte und er sich selbst auch, der Ausdruck von Liebe zu seiner Frau. Der Lösungssatz war: »Ich mute mich dir zu, ich bin dein Mann.« Nach drei Monaten traf ich den Klienten wieder und er berichtete von einer sehr guten Wirkung dieser Aufstellung für die Beziehung zu seiner Frau.

Dieser Fall zeigt, dass auch Ehepartner füreinander Gefühle übernehmen können.

Bedeutungen des Symptoms: Fallbeispiele

Das Hauptaugenmerk in den folgenden Fallgeschichten liegt auf der Bedeutung von Krankheiten und Symptomen im Familiensystem. Dieser spezielle Fokus führt dazu, dass weitere Details der Aufstellung hier nicht aufscheinen, vielmehr die Intensität der Aufstellung durch diese Eingrenzung erhöht wird. Ich möchte betonen, dass diesen Aufstellungen oft jahrelange Psychotherapien in verschiedenen Methoden vorausgegangen sind. Mir ist es wichtig, diese Vorarbeit zu würdigen. Es ist anzunehmen, dass in vielen Fällen durch diese psychotherapeutische Vorarbeit rasche Lösungen in den Aufstellungen ermöglicht wurden. Zugleich sind rasche Lösungen auch ohne lange Vorarbeit möglich. Wie schnell Lösungen gefunden werden können, ist für mich nicht vorhersehbar. Meiner Erfahrung nach weisen schwere Krankheiten wie Krebs oder schwere psychische Störungen wie Magersucht oder Depressionen auf belastende und schwer lösbare Verstrickungen hin. Hier gilt leider, je tiefer die Verstrickung, desto langwieriger der Weg zur Heilung.

Oft wurde mir die Frage gestellt, warum ich eigentlich über die obligate Lebensarbeitszeit hinaus als Therapeutin tätig bin, statt meinen Ruhestand zu genießen. Hierzu gibt es zwei Antworten: Zum einen habe ich meine Kinderlosigkeit immer als Mangel erlebt, die Vorstellung, nichts Existenzielles weitergeben zu können, war für mich sehr schmerzhaft. In der Arbeit mit der Familienaufstellung nach Bert Hellinger kann ich meine Erfahrung und meine Liebe weitergeben. Das ist zwar kein Ersatz für Kinder, aber dennoch sehr sinnvoll.

Die zweite Erklärung für meine Faszination an der Arbeit mit dem Familienstellen ist die Möglichkeit, das Wesentliche zu finden. Die Dynamik der Verstrickung und damit die Dynamik der Symptome aufzudecken, dem zuzustimmen, was ist und die Fülle des eigenen Lebens zu nehmen, wird oft erst durch das Familienstellen ermöglicht.

Die folgenden Protokolle basieren auf Familienaufstellungen, die ich geleitet habe. Sie sind bewusst stichwortartig dargestellt, um den Blick auf das Wesentliche zu lenken. Die Information über das jeweilige Familiensystem ist auf das Notwendigste beschränkt. Immer wiederkehrende Beschreibungen wie: »Das Symptom fühlt sich überflüssig.« »Der Vater fühlt sich gut.« ... etc. sind nicht wörtliche Wiedergaben, sondern eine Beschreibung oder Zusammenfassung des Gesamtzustands. Veränderungen in der Aufstellung, also Hinzunehmen von Stellvertretern oder Umstellen der Positionen, kläre ich mit der Frage »Was hat sich jetzt verändert?« ab. Oft erfolgen die Reaktionen spontan und nonverbal. Diese Zwischenschritte fasse ich in den Fallgeschichten zusammen. Bei der Auswahl der Stellvertreter für das Symptom bitte ich die Klienten genau abzuwägen, ob sie eine Frau oder einen Mann bestimmen.

1. Das Symptom als Ausdruck von Loyalität

Loyalität zu einer ausgegrenzten oder verschwiegenen Person

HEINZ, DAS ASTHMA UND DER TOTE ONKEL

Symptom
Asthma bronchiale

Gegenwartsfamilie
Heinz ist 17 Jahre alt und der Zweitgeborene von vier Geschwistern. Beide Eltern sind während der Aufstellung anwesend.

Aufstellung
Die Aufstellung wird von der Mutter durchgeführt. Sie wählt Stellvertreter für ihren Mann, Heinz und sich selbst. Der Sohn blickt nach außen, Vater und Mutter stehen versetzt hinter ihm und schauen ihm nach. Dem Sohn geht es sehr schlecht. Die Mutter möchte ihm gerne folgen. Der Vater sagt: »Ich habe wenig Gefühl.«

Nun wähle ich für das Symptom »Asthma« einen Stellvertreter und stelle Heinz diesem Stellvertreter gegenüber. Sofort fühlen sich Heinz und die Mutter viel besser. Daraufhin stelle ich das Symptom hinter die Mutter und drehe Heinz zu ihr. Das Symptom sagt: »Der Platz stimmt.« Diese Zustimmung des Stellvertreters des Symptoms beweist, dass es etwas mit der Mutter zu tun hat. Ich frage die Mutter nach besonderen Schicksalen von Mitgliedern ihrer Familie.

Sie erzählt, dass ihr älterer Bruder unmittelbar nach der Geburt gestorben ist. Das ereignete sich vier Jahre vor ihrer

Geburt. Ich wähle einen Stellvertreter für diesen Bruder und stelle ihn neben die Mutter.

Das Symptom sagt: »Ich fühle mich überflüssig.« Es zieht sich zurück, indem es aus dem Feld hinausgeht. Die Mutter und ihr Bruder stehen nun nebeneinander. Sie und ihr toter Bruder fühlen sich sehr traurig. Heinz, der gegenüber steht, wird auch traurig, sagt aber: »Ich kann freier durchatmen.«

Nun fordere ich die Mutter auf, Heinz an der Hand zu nehmen, sich vor den toten Bruder hinzustellen und ihm zu sagen: »Das ist mein toter Bruder, er gehört zu uns. Sein Tod hat nichts mit dir zu tun.« Daraufhin bitte ich die Mutter und Heinz, sich gemeinsam vor dem toten Bruder zu verneigen. Dieser schaut freundlich auf die beiden.

Zwei Phänomene in dieser Aufstellung haben den Weg zur möglichen Lösung aufgezeigt. Die Mutter berichtete von ihrem verstorbenen Bruder. Das Aufstellen dieses toten Onkels des Klienten bewirkte, dass das Symptom überflüssig wurde. Die unmittelbare Erleichterung, die der Stellvertreter von Heinz beim Atmen bemerkte, bestätigte meine Annahme, dass das Asthma ein Ersatz für den nicht gewürdigten Onkel war. Der zweite Schritt zur Lösung war die Verneigung von Mutter und Heinz vor dem toten Onkel und seine freundliche Reaktion.

JOHANN, DIE HERZNEUROSE UND DER HEIMLICHE GELIEBTE DER MUTTER

Symptom
Herzschmerzen (Herzneurose)

Gegenwartsfamilie
Johann ist 50 Jahre alt, geschieden und kinderlos.

Aufstellung
Aufgestellt werden Johann, sein Vater, seine Mutter und ein Stellvertreter für das Symptom. Die Mutter ist abgewandt und schaut nach außen. Ihr Blick ist leer. Ich frage den Klienten Johann, der außerhalb der Aufstellung im Kreis der Gruppe sitzt, ob in der Familie der Mutter etwas Besonderes vorgefallen ist. Er berichtet, dass der Vater der Mutter früh verstorben ist. Deswegen wähle ich einen Stellvertreter für den Großvater und stelle ihn der Mutter gegenüber. Sie zeigt keine Reaktion und schaut weiter ins Leere.

Auf Nachfrage von mir sagt der Klient Johann, die Mutter hätte etwas von einem Russen erzählt. Er wisse nichts Genaues. Aufgrund dieser Information wähle ich einen Stellvertreter des Russen und stelle ihn der Mutter gegenüber. Das Symptom stellt sich spontan hinter den Russen. Die Mutter schaut kurz hin und wendet den Blick sofort wieder ab, so, als ob das Hinschauen verboten wäre. Erst als ich den Russen vor die Mutter auf den Boden lege, bewegt sich die Mutter langsam auf den Russen zu, legt sich neben ihn und umarmt ihn liebevoll wie einen Geliebten. Das Symptom steht weiter hinter dem liegenden Russen.

Nachdem die Mutter eine Zeit lang in der Umarmung verharrt, sagt sie: »Ich fühle mich wie von den Toten erweckt.« Das Symptom weicht einige Schritte zurück.

Sie und der Russe stehen langsam auf und stehen jetzt nebeneinander. Ich bitte Johann, sich vor dem Russen zu verneigen, dann seine Mutter anzuschauen und zu sagen: »Ich ehre deine Liebe zum Feind.« Das fällt Johann sehr schwer. Das Symptom bleibt noch in der Nähe des Russen. Erst nachdem sich auch der Vater von Johann vor dem russischen Geliebten verneigt hat, zieht sich das Symptom zurück.

Das Symptom Herzschmerz ist hier ein Ausdruck von Liebe und zwar in mehrfacher Hinsicht. Einerseits war es Ausdruck für die

Liebe der Mutter zu ihrem ersten Geliebten und dessen Liebe zu ihr. Der erste entscheidende Schritt in der Aufstellung war, dass diese Liebe zum Feind ans Licht kam. Johann hat sicher den ersten Geliebten bei der Mutter vertreten. Aus diesem Grund konnte er keine zufriedenstellende Partnerschaft leben. Seine Nähe zur Mutter war dem Klienten immer bewusst. Natürlich wusste er nichts von dem russischen Geliebten.

Andererseits war das Symptom ein Ausdruck der Loyalität zum Vater. Es zog sich erst zurück, als sich der Vater vor dem russischen Geliebten verneigt hatte. Johanns Herzschmerzen ließen in den folgenden Tagen deutlich nach.

Johann hatte im Zusammenhang mit seiner gescheiterten Ehe schon mehrere Psychotherapien gemacht. Keine brachte wirklichen Erfolg. Im Gegenteil, seine psychischen Schwierigkeiten mündeten in Herzschmerzen. Vorangegangene Familienaufstellungen hatten gezeigt, dass seine Mutter an irgendein Geheimnis gebunden war. In diesem Fall war es essentiell, dass dieses Geheimnis ans Licht kam. Die erste Liebe der Mutter war ein Feind, daher musste sie besonders geschützt werden.

EVA, DIE ÜBELKEIT UND IHR ABGETRIEBENES KIND

Symptom
Übelkeit

Gegenwartsfamilie
Eva ist 40 Jahre alt und verheiratet. Sie hat einen einjährigen Sohn.

Aufstellung
Aufgestellt werden Stellvertreter für das Symptom und für Eva. Das Symptom sagt: »Ich habe Angst« und will zur Tür

hinausrennen. Daraufhin stelle ich das Symptom Eva gegenüber, sie schauen sich an. Das Symptom hat Angst und will Eva nicht anschauen.

Ohne Nachfragen sagt die Klientin Eva, die außerhalb der Aufstellung im Kreis sitzt: »Ich habe abgetrieben.« Das Symptom reagiert erleichtert und schaut jetzt die Stellvertreterin Eva liebevoll an. Sie nimmt das Symptom in den Arm und sagt: »Es tut mir Leid!« Sie weint, und nachdem sie ihrem Schmerz eine Zeit lang Raum gegeben hat, schaut sie das Symptom an und sagt: »Jetzt hast du einen Platz in meinem Herzen.«

In dieser Aufstellung stand das Symptom für das abgetriebene Kind. Auf die Aussage Evas hin, sie habe ihr Kind abgetrieben, reagierte das Symptom eindeutig. Ich musste keinen Stellvertreter für das abgetriebene Kind hinzunehmen. Die Lösung bestand im Zulassen des Schmerzes und in der Annahme des abgetriebenen Kindes als ihr Kind.

Abtreibungen haben immer eine Wirkung auf das Familiensystem. Die guten Rechtfertigungen, die für eine Abtreibung angeführt werden, ändern nichts an der Wirkung. Das Kind darf nicht zur Welt kommen, es gehört aber trotzdem zur Familie. In der Rangfolge der Geschwister nimmt es seinen, wenn auch unsichtbaren Platz ein. Die Mutter lädt durch die Abtreibung Schuld auf sich. Diese Schuld kann bewusst werden, wenn die Mutter, wie in der obigen Aufstellung, aus tiefstem Herzen sagen kann: »Es tut mir Leid.« Damit wird das Kind gewürdigt und bekommt seinen Platz in ihrem Herzen. Gelingt dieser Prozess nicht, wird die Abtreibung so schnell wie möglich vergessen und verdrängt, hat dies eine negative Wirkung auf alle Beteiligten. Diese Überlegungen beziehen sich auf Eva und gelten für diese eine Aufstellung. Anders kann es sich verhalten, wenn beide Elternteile in die Entscheidung, abzutreiben, involviert sind.

Loyalität zum leiblichen Vater

CHRISTIAN, DIE KRAFTLOSIGKEIT UND DER LEIBLICHE VATER

Symptom
Psychovegetative Erschöpfung

Gegenwartsfamilie
Christian ist 49 Jahre alt und in zweiter Ehe verheiratet. Er hat keine Kinder.

Herkunftsfamilie
Christian wurde 1941 in Breslau geboren. Der Vater war Flieger und ist in Stalingrad verschollen. Die Mutter hat nie wieder geheiratet und starb 1990. Christian hat die Vaterschaft seines angeblichen Vaters immer wieder angezweifelt.

Symptomtrance
Als Symbol für das Symptom erscheint ein Bettler.

Aufstellung
Aufgestellt werden Christian und der Bettler. Der Bettler steht hinter Christian. Er legt wohlwollend beide Hände auf Christians Schultern. Christian empfindet das als Last. Er dreht sich zum Bettler und fällt auf den Boden. Der Bettler sagt: »Nun habe ich keinen Kontakt mehr zu dir.«

Ich wähle einen Stellvertreter für den Vater und stelle ihn neben den Bettler. Für keinen der Stellvertreter verändert das etwas. Daraufhin wähle ich eine Stellvertreterin für die Mutter und stelle sie neben den Bettler.

Christian steht auf und schreit spontan seine Mutter an: »Du schuldest mir etwas.« Die Mutter schwankt. Nun stelle ich den Bettler hinter die Mutter. Sie wird stabiler. Da Christian die Vaterschaft des von der Mutter angegebenen Vaters immer bezweifelt hat, wähle ich einen Stellvertreter für den vermuteten Geliebten und stelle ihn rechts neben die Mutter. Der Vater steht links neben der Mutter und der Bettler bleibt weiter hinter ihr.

Der Bettler sagt: »Jetzt bin ich überflüssig«, und zieht sich zurück. Zwischen dem Geliebten und Christian wird eine große Anziehung erkennbar. Er nimmt Christian in die Arme, der weint. Ich bitte auch die Mutter, gemeinsam mit dem Geliebten Christian zu halten. Er beruhigt sich langsam. Dann tritt die Mutter etwas zurück und sagt: »Ich bin ratlos, es tut mir so Leid.«

Christian reagiert wütend: »Du hast mich betrogen.« Die Mutter wendet sich ab. Christian und der leibliche Vater halten sich. Christian sagt: »Ich gehöre zu dir, ich habe es immer gewusst. Das ist Männersache.« Seine Mutter dreht sich wieder zu ihm und sagt: »Ich schäme mich. Es tut mir Leid.« Christian und der leibliche Vater bleiben nebeneinander stehen. Die Mutter steht etwas abseits, sie schaut freundlich auf die beiden: »So ist es gut.«

Der Bettler war ein Symbol für den leiblichen Vater. Das zeigte sich deutlich, da er sich zurückzog, nachdem der leibliche Vater dazugestellt wurde. Christians Symptom »psychovegetative Erschöpfung« war Ausdruck seiner Loyalität zum von der Mutter verheimlichten leiblichen Vater. Auch der Mutter ging es in der Aufstellung viel besser, nachdem ihr Geheimnis ans Licht gekommen war. Das Annehmen des leiblichen Vaters bewirkt immer eine Stärkung der männlichen Kraft. Meiner Erfahrung nach kann ein Mann seine Kraft nur voll leben, wenn er seinen Vater genommen hat.

Wie in jeder Aufstellung wirkt die Dynamik der Lösung nicht nur zwischen den Personen, die wir in der Darstellung fokussieren, sie wirkt auf das gesamte System. In diesem Fall ging es der Mutter so lange schlecht, wie das Geheimnis noch verborgen war. Als es offensichtlich wurde, zeigte auch sie eine große Erleichterung. Nun schaute sie wohlwollend auf Sohn und Vater.

Loyalität zu einem schweren Schicksal

ERWIN, DER HERZINFARKT UND DAS SCHICKSAL SEINES ONKELS

Symptom
Herzinfarkt mit Panik

Gegenwartsfamilie
Erwin ist 52 Jahre alt und in zweiter Ehe verheiratet. Aus der ersten Ehe hat er zwei erwachsene Kinder. Die zweite Ehe ist kinderlos.

Herkunftsfamilie
Beide Eltern starben vor einigen Jahren. Der Vater hatte sechs Brüder. Auf dem Schreibtisch der Mutter stand immer das Bild eines Bruders.

Verlauf
In Einzeltherapien kommt es vor, dass ich die Klienten ihr System mit Stühlen aufstellen lasse. Statt Stellvertreter werden für die einzelnen Personen - Vater, Mutter, Geschwister etc. - Stühle bestimmt. Dann setzt sich die Klientin bzw. der Klient auf jeden einzelnen Stuhl und erlebt dabei die Gefühle der Personen, die der jeweilige Stuhl repräsentiert. Der Vorteil dieser Art der Aufstellung ist, dass der Klient selbst in die Rolle der einzelnen Familienmitglieder schlüpft.

Entsprechend den üblichen Familienaufstellungen wählte Erwin jeweils einen Stuhl für seinen Vater, seine Mutter, den Onkel und für sich selbst. Auf dem Stuhl des Onkels erlebte Erwin die Panik, die er seit seinem Herzinfarkt fühlt. An dieser Stelle brach ich die Aufstellung ab und bat Erwin, Informationen über diesen Onkel einzuholen. Der jüngste Bruder des Vaters war noch am Leben. Von ihm erfuhr Erwin, dass dieser Onkel als Regimekritiker von den Nazis zum Selbstmord gezwungen worden war. Er überlebte den Suizidversuch noch drei Tage und muss sehr gelitten haben.

Als anschließende systemische Therapieform wählte ich visualisierte Aufstellungen, die nur in der Vorstellung des Klienten abliefen. So konnte Erwin seinen Onkel würdigen. Ich empfahl ihm zusätzlich ein Ritual: Er sollte eine Gedenkstätte für den Onkel anlegen, Fotos, Erinnerungsgegenstände, Blumen, Kerzen, was ihm dazu einfiele. Erwin ging darauf ein. Er folgte meiner Empfehlung, so oft, wie es für ihn stimmig sei, zu dieser Gedenkstätte zu gehen und sich zu verneigen. So würdigte er das schwere Schicksal seines Onkels und die therapeutischen Interventionen konnten nachwirken.

Erwins Herzinfarkt möchte ich dahingehend interpretieren, dass er ein Ausgleichsversuch für das schlimme Schicksal des Onkels war. In letzter Konsequenz hätte ihn der Herzinfarkt in die Nähe des Onkels gebracht, wenn er daran gestorben wäre. Da Erwin den Infarkt überlebte, blieb die Panik als Ausgleich für das schwere Schicksal des Onkels und dessen Todesangst.

Auch dieser Fall beschäftigt sich mit einer Form des Familiengeheimnisses. Das Foto des Onkels stand auf dem Schreibtisch der Mutter. Es wurde aber nie von ihm gesprochen, ebenso wenig hat der Klient nachgefragt. Durch das »Ans-Licht-Bringen« des Geheimnisses war es Erwin möglich, das schlimme Schicksal zu würdigen und damit sein Symptom zu heilen. Drei Jahre danach bekam ich eine Karte. Erwin schrieb, dass die Angst nie wieder aufgetreten war.

IRENE, DIE PANIK UND DIE TOTEN KAMERADEN DES VATERS

Symptom
Panik

Gegenwartsfamilie
Irene ist 35 Jahre alt, geschieden und kinderlos.

Herkunftsfamilie
Irenes Mutter starb 1990, ihr Vater ist 75 Jahre alt und lebt alleine. Irene ist das jüngste von vier Geschwistern. Die drei älteren Geschwister sind verheiratet und haben Kinder.

Verlauf
Die Therapie der Klientin erstreckte sich über zweieinhalb Jahre. In der ersten Aufstellung, in der ich nur Vater, Mutter und Irene aufstellte, sah es so aus, als ob Irene einen anderen Vater hätte. Daraufhin empfahl ich einen genetischen Vaterschaftstest. Zu meiner und Irenes Überraschung reagierte der Vater sehr positiv, fast freute er sich über Irenes Anliegen. Auch er hegte Zweifel an seiner Vaterschaft, da Irenes Mutter zu dieser Zeit eine Beziehung zu einem italienischen Freund hatte. Irene hat, im Gegensatz zu ihren Geschwistern, schwarze Haare und einen dunklen Teint.

Der genetische Test bewies die Vaterschaft ihres Vaters. Umso erstaunter war ich über Irenes gleichgültige Reaktion. Sie las mir den sehr liebevollen Brief ihres Vaters vor und wirkte so, als ob ihr das Ergebnis gar nicht recht sei.

Wir stellten noch einmal auf und versuchten, alle Details zu berücksichtigen, jedoch ohne Ergebnis bezüglich des Symptoms. Die Panik veränderte sich nicht. Im Gegenteil, sie wurde immer schlimmer. Das führte zu Zweifeln an der Therapie.

Irene vertraute mir und setzte die Therapie fort. Ich erklärte ihr, wie schwer es manchmal wäre, die wesentliche Verstrickung zu finden, besonders wenn die Loyalität sehr groß ist. Auf wiederholte Nachfrage nach dem Schicksal des Vaters erzählte Irene, dass er als junger Soldat aufgrund einer Blinddarmentzündung aus Stalingrad ausgeflogen wurde. Alle seine zurückgebliebenen Kameraden kamen ums Leben. Das war die entscheidende Information.

Aufstellung

Aufgestellt werden das Symptom, Irene und ihr Vater. Das Symptom geht sofort zum Vater und sagte: »Hier gehöre ich hin.« Daraufhin wähle ich fünf Stellvertreter für die toten Kameraden und stelle sie vor dem Vater und vor Irene in einer Reihe auf. Dann fordere ich den Vater auf, Irene an der Hand zu nehmen, ihr die Kameraden zu zeigen und zu sagen: »Das sind meine Kameraden. Sie mussten alle sterben.«

Ich fordere beide auf, sich gemeinsam vor den toten Kameraden zu verneigen. Jetzt fühlt sich das Symptom überflüssig und zieht sich zurück. Abschließend schlage ich Irene vor, dem Vater für ihr Leben zu danken. Dabei stehen die toten Kameraden hinter dem Vater und schauen freundlich auf Irene. Seither ist Irene frei von Panik.

Am Beginn der Therapie war Irene sehr an ihre Mutter gebunden. In der ersten Aufstellung war Irene mit dem heimlichen Wunsch der Mutter nach einem anderen Mann identifiziert. Deswegen war die Realitätsüberprüfung mithilfe des Vaterschaftsnachweises die wesentlichste Intervention. Sie brachte mich auf die richtige Spur, nämlich die unbewusste Loyalität zum bewusst abgelehnten Vater. Dieser Gegensatz klingt paradox, kommt aber sehr oft vor. Er beruht auf der Tatsache, dass sich die Seele des Kindes unbewusst mit dem bewusst abgelehnten Elternteil verbindet. Der Vaterschaftstest brachte zwar eine Aufklärung, aber keine Lösung.

Diese war erst möglich, nachdem der Tod der Kameraden gemeinsam mit dem Vater gewürdigt und damit das Geschenk des Lebens angenommen wurde. Dieses Annehmen gilt sowohl für Irene als auch für ihren Vater. Das Symptom Panik verschwand, weil durch die Würdigung der Ausgleich bewusst geschaffen wurde.

SABINE, DIE EIFERSUCHT UND DAS SCHWERE SCHICKSAL IHRER MUTTER

Symptom
Eifersucht auf die frühere Partnerin

Gegenwartsfamilie
Sabine ist 40 Jahre alt, ledig und kinderlos. Sie hat seit sechs Monaten eine Beziehung zu einem Mann. Dieser Partner trennte sich vor sechs Jahren von seiner Frau.

Herkunftsfamilie
Sabines Mutter wurde vom Vater misshandelt. Sie war wiederholt schwer krank und blieb trotz allem bei ihrem Mann.

Aufstellung
Aufgestellt werden Sabine, ihr Freund und seine ehemalige Frau. Es zeigt sich sehr schnell, dass die frühere Partnerin keine Rolle spielt. Sabine und ihr Freund sagen, sie wären viel zu nahe beieinander. Als ich einen Stellvertreter für das Symptom Eifersucht dazustelle, schaut der Freund nur noch auf das Symptom. Auf meine Frage an Sabine, wer das Symptom sein könnte, erhalte ich keine Antwort.

Ich stelle das Symptom hinter Sabine, dort fühlt es sich wohl. Ich fordere Sabine auf, sich umzudrehen und das Symptom anzuschauen. Sie will nicht hinschauen. Jetzt fordere ich sie auf, dem Symptom zu sagen: »Ich stimme zu« und sich vor dem Symptom zu verneigen. Sabine spricht den Satz, verneigt sich und dreht sich wieder um. Das Symptom bleibt hinter ihr stehen und beide sagen: »So ist es gut!«

Der Freund hielt sich während dieser Szene abseits und kommt jetzt wieder näher zu Sabine. In einem für beide angenehmen Abstand bleibt er stehen. Sabine sagt: »Jetzt nehme ich dich als Mann.« Beide strahlen.

Sabines Eifersucht hatte die Funktion, die Beziehung zu ihrem Freund zu verhindern. Es ist zu vermuten, dass Sabine, indem sie sich keine funktionierende Partnerschaft »gönnte«, ihrer Mutter und deren schwerem Schicksal treu blieb. Eine glückliche Beziehung hätte sie unbewusst als Verrat empfunden. Sabine stimmt dem Symptom zu und verneigt sich, somit kann sie sich ihrem Freund zuwenden.

In dieser Aufstellung lasse ich bewusst offen, wer oder wen das Symptom darstellt. Die Wirkung der Aufstellung zeigt, dass Sabines Seele verstanden hat, worum es geht. In diesem Fall wäre es ein Fehler gewesen, mehr interpretieren zu wollen.

LILIAN, IHR UNTERGEWICHT UND DIE GROßMUTTER

Symptom
Untergewicht und Myom

Gegenwartsfamilie
Lilian ist 45 Jahre alt, ledig und kinderlos.

Herkunftsfamilie
Beide Eltern leben und sind seit 45 Jahren verheiratet. Lilian kam zur Welt, als die Mutter 19 Jahre alt war. Sie hat eine jüngere Schwester.

Symbol
In der Symptomtrance zeigt sich für das Symptom ein Grabstein.

Verlauf
In der ersten Runde formuliert die Klientin ihr Anliegen: »Ich will es wagen, mich zu zeigen.« Lilian erzählt, dass ihr Vater ein uneheliches Kind war. Sein Vater war bereits verheiratet und konnte deswegen die Mutter nicht heiraten. Die Mutter des Vaters, Lilians Großmutter, nahm sich das Leben.

Nachdem sie das erzählt hat, fordere ich die Klientin auf, sich ihre Großmutter vorzustellen und ihr zu sagen: »Aus Liebe zu dir mache ich es wie du.« Die Klientin lacht und sagt: »Das freut mich.« Dabei lasse ich es für diesen ersten Seminartag.

Aufstellung
Am darauf folgenden Tag werden Lilian, ihr Vater und ihre Mutter aufgestellt. Lilian schaut weg von den Eltern, in eine andere Richtung. Ihr Blick scheint ins Leere zu gehen. Ich stelle die Großmutter (Mutter des Vaters), die sich umgebracht hat, vor Lilian. Die beiden schauen sich an. Die Stellvertreterin der Klientin strahlt. Der Vater sagt: »Seit die Großmutter da ist, fühle ich mich wohl.« Die Großmutter sagt: »Ich schwebe, ich bin instabil.«

Als Nächstes stelle ich Mutter und Vater nebeneinander, die Großmutter reagiert erfreut. Dann lasse ich die Klientin zur Großmutter sagen: »Ich liebe dich. Ich verstehe dich. Ich bin instabil wie du.« Nachdem Lilian das gesagt hat, umarmen sich die beiden. Die Großmutter sagt: »Jetzt bin ich stabil.« Lilians Eltern sind berührt und fühlen sich wohl.

Schlussrunde
Am letzten Seminartag sagt Lilian: »Ich fühle mich stabiler, aber die Großmutter geht immer noch in mir um.« Ich schlage ihr daraufhin vor, sich zu Hause Fotos von der Großmutter aufzustellen und sie immer wieder liebevoll anzuschauen.

Lilian ist mit der Mutter ihres Vaters identifiziert, die sich das Leben genommen hat. Die Großmutter durfte sich nicht zeigen, da der Großvater schon verheiratet war. Dies drückte sich in dem Gefühl der Instabilität aus, das Lilian und die Großmutter während der Familienaufstellung beschreiben. Aus Liebe zur Großmutter traute sich die Klientin nicht, ihr Leben voll zu leben. Ihr Untergewicht war ein Ausdruck dafür. Die Identifikation mit der Großmutter kam ans Licht.

Indem Lilian dieser Liebe Raum gibt, löst sie sich aus der Identifikation. In Lilians Fall diente die Arbeit in der Runde der Vorbereitung zur Familienaufstellung. Der Prozess wurde nach der Aufstellung in der Schlussrunde durch den Vorschlag unterstützt, die Fotos der Großmutter anzuschauen. Lilians ursprüngliches Anliegen, »sich zu zeigen«, kann durch die Auflösung der Identifikation mit der Großmutter eingeleitet werden.

ELFRIEDE, DER BRUSTKREBS UND IHRE FRÜH VERSTORBENEN BRÜDER

Symptom
Brustkrebs

Gegenwartsfamilie
Elfriede ist 58 Jahre alt. Sie ist verheiratet und hat drei erwachsene Kinder.

Herkunftsfamilie
Die Eltern waren in erster und einziger Ehe verheiratet. Sie sind schon länger tot. Die Klientin ist 1943 geboren. Sie hatte zwei ältere Brüder, wovon einer behindert gewesen sein soll. Beide starben im frühen Kindesalter. Genaueres über Alter und Todesursache der Brüder ist unbekannt.

Aufstellung
Aufgestellt werden das Symptom (Krebs), Elfriede und ihre Eltern. Elfriede steht zwischen Mutter und Vater und alle drei schauen auf das Symptom, das ihnen den Rücken zudreht. Elfriede sagt, sie hätte keine Beziehung zu ihrem Symptom, die Mutter fühlt sich durch das Symptom bedroht. Ich drehe das Symptom um, so dass es auf Vater und Mutter schaut, und stelle Elfriede neben das Symptom.

Zugleich wähle ich zwei Stellvertreter für die beiden toten Brüder und stelle sie neben die Mutter. Beide Brüder fühlen sich zum Symptom hingezogen. Elfriede lehnt sich an das Symptom, sie fühlt sich gestützt. Nun stelle ich das Symptom hinter die beiden toten Brüder. Elfriede kann kaum noch stehen, und bei meiner Aufforderung, die Brüder anzuschauen, legt sie die Hände um ihren Hals, als würde sie sich selbst die Kehle zudrücken wollen. Auch die Mutter will nicht hinschauen. Sie zeigt keinerlei Betroffenheit.

Als ich Elfriede zum behinderten Bruder sagen lasse: »Lieber Bruder, ich hab dich lieb, du gehörst dazu«, fühlt sich dieser erleichtert. Das Symptom zieht sich etwas zurück. Danach fordere ich Elfriede auf, sich vor dem Bruder zu verneigen. Das Symptom sagt: »Ich werde schwächer«, und geht spontan einige Schritte zurück.

Die Klientin selbst, die während der Aufstellung in der Runde zuschaut, zeigt keinerlei Betroffenheit. Meine Aufforderung, den Platz ihrer Stellvertreterin einzunehmen und sich vor den toten Brüdern zu verneigen, lehnt sie ab. Das

Symptom sagt: »Jetzt bin ich wieder stark« und tritt näher an die beiden toten Brüder heran. Hier beende ich die Aufstellung.

Elfriede hat aus Liebe zur Mutter deren Verhalten, »nicht hinzuschauen«, übernommen. Ihre Krankheit wäre ein Weg, den Brüdern in den Tod zu folgen.

Da die Klientin während der ganzen Aufstellung keine Betroffenheit zeigte und es strikt ablehnte, sich vor den toten Brüdern zu verneigen, ist zu vermuten, dass sie den Tod als Ausgleich für das schlimme Schicksal ihrer Brüder auf sich nehmen wird.

So wie Krankheiten manchmal nicht zu heilen sind und zum Tod führen, ist auch die Loyalität zum Familiensystem manchmal nicht zu lösen. Dann ist es wichtig, diese Treue anzuschauen und ihr zuzustimmen. Hinter der Treue die Liebe zu erkennen und zu spüren, erleichtert die Zustimmung. Elfriede stand in der Aufstellung vor ihren beiden Brüdern und wollte sich nicht verneigen. Die Krankheit wurde wieder mächtiger. Indem ich die Aufstellung an dieser Stelle beendet habe, konnte der Prozess, der in der Aufstellung sichtbar wurde, weiterwirken.

LISA, IHRE DEPRESSION UND DIE TOTEN

Symptom
Depression mit wiederholten Selbstmordversuchen

Gegenwartsfamilie
Lisa ist 36 Jahre alt und seit vier Jahren verheiratet. Trotz Kinderwunsch ist ihre Ehe bis jetzt kinderlos.

Herkunftsfamilie
Lisas Eltern ließen sich scheiden, als sie zwanzig Jahre alt war. Der Großvater (Vater der Mutter) starb am Tag, als Lisa

geboren wurde. Auf meine Frage, was der Großvater im Zweiten Weltkrieg getan habe, weiß Lisa nichts.

Verlauf

Lisa hatte schon sehr viele Psychotherapien hinter sich gebracht, ohne dass sich das Symptom gebessert hätte. Als sie in der Runde an die Reihe kommt, weint sie und sagt, sie fühle Wut und Ohnmacht. Ich beobachte dabei die Bewegung ihrer Beine und schlage ihr vor, sie solle diesem Impuls nachgeben. Sie steht auf und marschiert durch den Raum. Ich frage sie: »Wer geht so?« Sie sagt: »Soldaten.«

Aufstellung

Aufgestellt werden Lisa und die Depression. Die Depression steht hinter Lisa und sagt, sie fühle sich gut. Lisa sagt: »Es zieht mich nach unten weg.« Obwohl ich keinerlei Informationen habe, lege ich mehrere Stellvertreter für die Toten vor Lisa und der Depression auf den Boden. Lisa sagt: »Ich bekomme eine Gänsehaut, doch jetzt kann ich klar sehen.« Die Depression atmet schwer und legt sich zu den Toten. Sofort fühlt sie sich besser. Sie sagt: »Der Kontakt zu den Toten ist angenehm.« Auch Lisa geht es viel besser, sie sagt: »Ich fühle mich ruhig und klar.«

Ich tausche die Stellvertreterin aus und Lisa nimmt ihren Platz in der Aufstellung ein. Lisa schaut weg und ist emotional vollkommen ungerührt. Hier beende ich die Aufstellung.

Es ist offensichtlich, dass die Reaktion der Stellvertreterin bei Lisa kein Echo hervorrufen kann. Das Wegschauen ist der Ausdruck von Lisas Loyalität. Nicht vorhersehbar ist, inwieweit sie sich in der Zukunft aus dieser Loyalität lösen kann. Vordergründig hat die Aufstellung keine Lösung gebracht, sie hat jedoch die Richtung aufgezeigt, die weiterverfolgt werden könnte.

Loyalität zu Geheimnissen

GITTI, DER LYMPHKNOTENKREBS UND DAS GEHEIMNIS DER MUTTER

Symptom
Bösartiger Lymphknotentumor mit einem Rezidiv

Gegenwartsfamilie
Gitti ist 32 Jahre alt, seit acht Jahren verheiratet. Sie hat eine vierjährige Tochter.

Herkunftsfamilie
Gittis Mutter ist 63 Jahre alt und gesund. Der Vater starb mit 60 Jahren akut an einem Herzinfarkt, als Gitti zur Chemotherapie im Krankenhaus war. Gitti hat zwei jüngere Schwestern mit anorektischen bzw. bulimischen Symptomen.

Verlauf
Gittis Therapie erstreckte sich über drei Jahre. In der ersten Aufstellung von Gittis Ursprungssystem wurde deutlich, dass sie »etwas Schlimmes« aus dem Familiensystem der Mutter übernommen hat. Trotz Nachfragen und Nachforschen konnte dieses Geheimnis auch in den folgenden Jahren nicht geklärt werden.

Nach der ersten Aufstellung kam Gitti in einer Pause mit der Frage auf mich zu: »Ist es schlimm, wenn ich sterben will?« Überrascht antwortete ich: »Wer bin ich, dass du mich so etwas fragst? Dafür ist ein anderer zuständig.« Sie hatte das Gespräch als Zustimmung zu ihrem Todeswunsch erlebt.

Viel später erzählte mir Gitti, dass diese Erfahrung ihr Vertrauen zu mir begründete und ihr ermöglichte, weiter mithilfe des Familienstellens an ihrer Krankheit zu arbeiten. Da sie selbst als Kunsttherapeutin tätig war, entschloss sie sich, an einer Fortbildung zum Familienstellen teilzunehmen. Die Selbsterfahrung ist dabei ein wesentlicher Bestandteil. So hatte Gitti Gelegenheit, über drei Jahre hinweg ihre Bindung an das Familiensystem der Mutter wiederholt aus verschiedenen Perspektiven anzuschauen und zu erleben. Immer wieder wurde in den Aufstellungen sichtbar, dass die Lösung gewesen wäre, der Mutter ihr Schicksal und alles, was damit zusammenhing, zu lassen. Das war aber aufgrund der im wahrsten Sinne »tödlichen Loyalität« unmöglich.

Als Gitti erzählte, dass die Kontrolluntersuchung den Verdacht auf ein erneutes Wiederauftauchen der Krankheit ergeben hatte, schlug ich vor, nur sie und den Tod durch zwei Stellvertreter aufzustellen. Die Stellvertreterin von Gitti wollte unbedingt näher zum Tod, die Stellvertreterin des Todes wollte nicht zu Gitti. Sie sagte: »Lebe, irgendwann kommst du sowieso, ich kann warten.«

Da ich den Eindruck hatte, dass Gitti das Geschehen nicht annehmen konnte, brach ich die Aufstellung ab. Gitti wurde sehr wütend, vor allem auf mich. Diese Wut hatte eine wunderbare Wirkung. Als Gitti zur nächsten Fortbildung kam, äußerte sie diese Wut vor der ganzen Gruppe. Alle Gruppenmitglieder hörten in wohlwollender Aufmerksamkeit zu. Alle wussten von der potenziell tödlichen Erkrankung. Sie äußerte ihre Wut mit einer solchen Kraft, die sie nie vorher gezeigt hatte, dass allen Beteiligten klar war, mit dem Äußern dieser Wut hatte sie sich für das Leben entschieden. Keiner sprach ein Wort darüber.

Wirkung

Von diesem Ereignis an veränderte sich Gitti. Sie wirkte kraftvoller und lebendiger. Das liegt zweieinhalb Jahre zurück, sie hat kein Rezidiv mehr. Nach diesem entscheidenden Schritt erlebte Gitti in weiteren Aufstellungen, ihr Leben dankbar und in Demut durch die Mutter anzunehmen. Sie konnte das Geheimnis im Familiensystem der Mutter bei der Mutter lassen.

In der Aufstellung ihrer Gegenwartsfamilie erkannte sie, dass sie nicht nur für ihre Mutter, sondern auch für ihren Ehemann zu viel Verantwortung übernommen hatte. Diese Erfahrung hat die Beziehung zu ihrem Mann wesentlich verbessert.

Der erste Schritt der Lösung war die Zustimmung der Therapeutin zum Todeswunsch der Klientin. Der zweite Schritt war die Wut auf die Mutter, die auf die Therapeutin verschoben werden konnte (Übertragung). Der dritte Schritt zur Lösung wurde erst nach diesem eindrucksvollen Äußern von Wut möglich, indem sie das Geheimnis im System der Mutter bei der Mutter beließ. Aus Loyalität zum »schlimmen Geheimnis« im System der Mutter und als Ausgleich für etwas, das nie zu erfahren war, wollte Gitti »mithilfe ihrer Krankheit« sterben.

KARIN, DER VERFOLGUNGSWAHN UND IHRE TOTE TANTE

Symptom
Verfolgungswahn, der als »Schatten« beschrieben wird

Gegenwartsfamilie
Karin ist 45 Jahre alt, geschieden und kinderlos. Sie hat zwei Abtreibungen hinter sich. Ab dem 16. Lebensjahr lebte sie in einer sadomasochistischen Beziehung zu einem dreißig Jahre älteren Mann, dem sie hörig war. Diese Beziehung dauerte zwanzig Jahre und endete mit dem Tod des verheirateten Mannes. Darauf folgte die Ehe, die nur zwei Jahre dauerte. Zu den Abtreibungen sagte sie, es wäre aus Zwang geschehen, sie wisse nicht, warum sie das getan habe.

Herkunftsfamilie
Karins Mutter ist 82 Jahre alt und lebt alleine im Heimatdorf. Der Vater starb vor zwanzig Jahren. Der Großvater (Vater der Mutter) wurde von allen gefürchtet. Eine Schwester der Mutter soll sich vergiftet haben. Es wird vermutet, dass die Tante vom Großvater schwanger war und möglicherweise auch von ihm das Gift bekam, an dem sie starb.

Aufstellung
Aufgestellt werden Karin, ihre Mutter und das Symptom (Schatten). Das Symptom steht hinter der Mutter, Karin ist abgewendet. Ich stelle Karin der Mutter gegenüber. Die Mutter sagt: »Ich spüre Kälte und einen tiefen Abgrund. Im Rücken ist es warm.« Dort steht das Symptom (Schatten). Nun stelle ich die Mutter und das Symptom gegenüber, sie schauen sich an. Die Mutter lacht merkwürdig und sagt: »Jetzt friere ich rundherum.« Das Symptom sagt: »Es wird immer kälter.«

Nun drehe ich Mutter und Schatten mit dem Blick nach außen und stelle die tote Schwester neben die Mutter. Karin steht hinter dieser Reihe und »schaut ihnen nach«. Die Mutter sagt: »Ich fühle eine Schwere und Schmerzen in den Füßen.« Das Symptom sagt: »Mir kribbeln die Hüften und meine Hände sind eiskalt.« Karin möchte weglaufen.

Ich hole einen Stellvertreter für den Großvater dazu und stelle ihn neben die Mutter. Sie sagt: »Die Schwere lässt nach, es wird leichter.« Die tote Schwester beginnt zu weinen und sagt: »Ich habe wahnsinnige Angst.« Nun fordere ich die Stellvertreter auf, sich auf den Boden zu legen. Mir ist die Reihenfolge wichtig: zuerst der Großvater, daneben das Symptom, dann die Mutter und schließlich die tote Tante.

Ich stelle Karin den Liegenden gegenüber.

Mutter: »Mir wird übel.«

Großvater: »Ich werde kribbelig.«

Tote Schwester: »Ich bin ruhig.«

Symptom: »So stimmt es.«

Karin ist verwundert: »Da sind viele unbeantwortete Fragen.«

Ich fordere sie auf, sich vor allen zu verneigen. Karin verneigt sich. Dann richtet sie sich langsam wieder auf, ich stelle sie der liegenden Mutter gegenüber und lasse sie sagen: »Mutter, ich achte dein Schicksal und mache etwas aus meinem Leben.« Mutter: »Ich bin froh.« Die tote Tante steht spontan auf und umarmt Karin innig: »Deine Liebe tut mir gut, ich will, dass es dir gut geht.«

Nachdem sich die tote Schwester der Mutter wieder hingelegt hat, fordere ich Karin noch einmal auf, sich vor allen hinzuknien. Das bringt ihr etwas Erleichterung. Sie richtet sich auf und ich stelle einen Stellvertreter für ihren Vater hinter sie. Karin wird noch ruhiger und sagt: »Das tut gut. Jetzt kann ich ruhiger auf das Schreckliche schauen.«

Karins masochistische Beziehung zu dem dreißig Jahre älteren Mann kann als Ausgleich für das schlimme Schicksal und gleichzeitige Loyalität zu dem Schicksal der Tante gesehen werden. Inwieweit ihre Mutter mit verstrickt war, bleibt offen. Das Symptom fühlte sich zwischen Mutter und Großvater »am richtigen Platz«. Das spricht für eine Verstrickung der Mutter mit dem Großvater.

Karin ging es nach dieser ersten Gruppe deutlich besser. Das Symptom »Schatten« wurde etwas weniger quälend, aber es blieb. Das entspricht der Aufstellung, in der das Symptom zwischen Großvater und Mutter blieb. In diesem Fall konnte sich das Symptom nicht zurückziehen. Nimmt man das Verschwinden oder Überflüssigwerden des Symptoms als Indikator für eine Lösung, dann ist offensichtlich, dass ein erster Schritt gemacht, die Lösung aber noch nicht erreicht wurde.

ANTON, DIE EINSEITIGE TAUBHEIT UND DAS GEHEIMNIS

Symptom
Taubheit auf dem linken Ohr

Gegenwartsfamilie
Anton ist 50 Jahre alt und verheiratet. Er hat drei Töchter. Sein einziger Sohn wurde im Alter von fünf Jahren von einem Auto überfahren und starb.

Verlauf
Anton meldet sich als Letzter der Gruppe, um aufgestellt zu werden. Angesichts der Schicksale der anderen empfinde er sein eigenes als »zu gering«, um eine Aufstellung zu machen. Im Gespräch wird deutlich, dass er weder Ja noch Nein sagen kann. Daher entscheiden wir gemeinsam, sein Symptom »Taubheit auf dem linken Ohr« »Jein« zu nennen.

Aufstellung
Aufgestellt werden Anton und das Symptom. Er stellt die Stellvertreter nebeneinander, so dass sie in eine Richtung schauen. Anton sagt: »Ich bin starr und zittere.«

Das Symptom sagt: »Mein rechter Arm zittert.«

Ich frage den Klienten Anton, der die Aufstellung beobachtet: »Wohin schauen die beiden? Wenn die zwei in eine Richtung schauen, sehen sie dort etwas?« Anton antwortet nicht.

An dieser Stelle hätte ich die Aufstellung beenden sollen. Stattdessen stelle ich das Symptom und Anton gegenüber. Das Symptom zieht sich zurück und sagt, es hätte Gänsehaut. Anton verfolgt das Symptom. Das Symptom zittert immer stärker und Anton sagt, er fühle sich voller Energie. Ich fordere das Symptom auf, sich Anton zu nähern. Anton sagt, ihm würde schwindlig. Das Symptom zittert stärker und möchte ausweichen. Jetzt fordere ich Anton auf, sich vor dem Symptom hinzuknien. Anton weigert sich, das zu tun. Auf gutes Zureden kniet er sich doch hin. Sobald er kniet, fühlt sich das Symptom ruhiger. Während Anton kniet, beginnt er heftig zu atmen und am ganzen Körper zu zittern. Er schreit: »Es scheißt mich an.«

Ich fordere den Stellvertreter Antons auf, weiter seinen Impulsen zu folgen. Er versteckt den Kopf in seinen Armen und windet sich. Das Symptom äußert, dass es sich immer ruhiger fühle. Ich frage noch einmal nach, ob es irgendetwas Belastendes in Antons Familie gäbe. Der Klient verneint. Daraufhin beende ich die Aufstellung.

Anschließend befrage ich Anton, wie es ihm nun ginge. Er antwortet: »Ich glaube den Stellvertretern nicht.«

Daraufhin sage ich: »Da kann ich nichts machen.«

Mein Fehler bei diesem Klienten war, ihn überhaupt aufzustellen. Nach der offensichtlichen Verweigerung, sich emotional einzulassen, hätte ich die Aufstellung bereits abbrechen sollen. Ganz bewusst habe ich diesen Fall beschrieben, um zu verdeutlichen, dass das therapeutische Bemühen um eine Lösung nichts bringt, wenn die Seele des Klienten nicht dazu bereit ist.

SUSANNE, IHR HERZFEHLER UND DAS GEHEIMNIS DER MUTTER

Symptom

Angeborener schwerer Herzfehler

Gegenwartsfamilie

Susanne ist 47 Jahre alt und geschieden. Sie hat keine Kinder.

Verlauf
Zur ersten Aufstellung kam Susanne, weil sie wissen wollte, ob sie sich noch einmal operieren lassen solle. Es zeigte sich, dass im System der Mutter ein Geheimnis verborgen ist. Ihre Krankheit steht in einer unmittelbaren Beziehung zu diesem Geheimnis. In der Aufstellung wurde deutlich, dass sie ihre Krankheit aus Liebe zur Mutter weiter tragen will. Ich musste es dabei belassen.

Nach eineinhalb Jahren kam sie wieder zu einem Seminar mit dem Anliegen: »Jetzt will ich leben«. Sie hatte sich nach der ersten Aufstellung nicht freiwillig operieren lassen. Vielmehr war sie nach einem Zusammenbruch notoperiert worden. Sie hatte also gewartet, bis sie »fast tot war«. Die Operation verlief erfolgreich.

In den Runden sagte sie wiederholt, sie fühle sich schwach und müde. Erst am letzten Tag war sie bereit zu einer Aufstellung. Ich spürte einen starken Appell, fast eine Art Hilferuf. Nachdem ich vorgeschlagen hatte, nur sie und den Tod aufzustellen, stimmte sie zu.

Aufstellung
Aufgestellt werden Susanne und der Tod. Es zeigt sich, dass sie den Tod nicht ernst nimmt. Daraufhin stelle ich eine Stellvertreterin für das Leben dazu. Dieser Stellvertreterin geht es sehr schlecht. Sie steht mit hängendem Kopf da. Erst als Susanne sich vor dem Tod tief verneigen kann, hebt die Stellvertreterin für das Leben ihren Kopf und sagt: »Jetzt kann ich freundlich auf dich schauen.«

Diese Aufstellung zeigte sehr eindrucksvoll, wie eng Leben und Tod zusammenhängen. Erst als der Tod gewürdigt wurde, konnte das Leben »leben«.

2. Das Symptom als Ausdruck übernommener Schuld

KARLA, DIE TODESANGST UND DIE OPFER DES GROSSVATERS

Symptom
Panikattacken mit Todesangst

Gegenwartsfamilie
Karla ist 24 Jahre alt und lebt mit ihrem Freund in einer Wohngemeinschaft.

Herkunftsfamilie
Karlas Vater ist das dritte von sechs Kindern. Der Großvater nahm am Zweiten Weltkrieg teil, über seine Stellung und Funktion ist nichts bekannt. Er verließ die Familie zwei Jahre nach Kriegsende. Karlas Vater war vier Jahre alt, als der Großvater »bei Nacht und Nebel« verschwand. Er ist nie wieder aufgetaucht. Wenn vom Großvater geredet wurde, dann nur als »der schwarze Teufel«.

Karla ist die Älteste von drei Geschwistern, eine Schwester ist geistig behindert.

Aufstellung
Aufgestellt werden Karla und das Symptom. Als Stellvertreterin für das Symptom wählt Karla eine Frau. Karla und das Symptom stehen im rechten Winkel zueinander. Karla fühlt sich dem Symptom gegenüber ambivalent.

Ich wähle einen Stellvertreter für den Großvater (der schwarze Teufel) und stelle ihn Karla und dem Symptom gegenüber. Sowohl Karla als auch das Symptom fühlen sich sehr stark zum Großvater hingezogen. Der Großvater äußert in verschiedenen Positionen: »Ich fühle mich hart und gefühllos.«

Ich bestimme zwei weibliche und zwei männliche Personen stellvertretend für die (von mir vermuteten) Opfer des Großvaters. Ich bitte die Stellvertreter, sich vor den Großvater nebeneinander auf den Boden zu legen. Nur die weiblichen Opfer reagieren mit großer Angst.

Daraufhin wähle ich zwei weitere weibliche Stellvertreterinnen und stelle alle weiblichen Opfer in einen Kreis um den Großvater. Er richtet sich auf und sagt stolz: »Ich bin mächtig.«

Währenddessen spürt das Symptom zunehmende Entspannung. Karla steht neben dem Vater und schaut mit Abstand auf die Opfer um den Großvater. Sie fühlt sich neben dem Vater wohl. Der Vater weigert sich, hinzuschauen.

Dann öffne ich den Kreis der Opfer und stelle sie in eine Reihe hinter den Großvater. Der Großvater steht nun mit Blickrichtung auf Karla und den Vater. Ich fordere den Großvater auf, zu Vater und Karla zu sagen: »Es ist meine Schuld! Ich trage die Konsequenzen.«

Er sagt es ohne jedes Gefühl und ohne Reue. Karla zeigt keine Reaktion. Jetzt wähle ich einen Stellvertreter für die Schuld des Großvaters und stelle sie zum Großvater. Ich lasse die Opfer nochmals einen Kreis um den Großvater und die Schuld herum bilden. Nun weint der Großvater an der Schulter der Schuld. Als er Gefühle zeigt, werden die Opfer ruhig.

Ich fordere den Vater und Karla auf, sich vor dem Kreis der Opfer tief und lange zu verneigen. Nachdem sie sich wieder aufgerichtet haben, öffne ich den Kreis der Opfer und stelle sie wieder hinter den Großvater und die Schuld. Der Großvater ist traurig. Jetzt sagt er: »Ich bin traurig.« Als der Großvater dieses Gefühl zeigt, fühlen sich das Symptom und die Schuld überflüssig und ziehen sich zurück. Karla umarmt ihren Vater und wendet sich mit ihm ab.

Karlas Symptom ist der Ausgleich für die Schuld des Großvaters, der wahrscheinlich »abgehauen« ist, damit seine Taten nicht herauskommen. Auch der Vater hat Angst, die Schuld seines Vaters anzuschauen. Dies scheint die Ursache für Karlas Symptom zu sein. Unbewusst schafft sie mit ihrer Panik den Ausgleich für die Schuld an den weiblichen Opfern.

Die Lösung liegt in der Würdigung der Opfer und des Täters. Hand in Hand mit dem Vater schaut Karla die Opfer und die Schuld des Großvaters an. In der Würdigung durch das Verneigen ist das »Lassen der Schuld« beim Täter enthalten.

In den weiteren Tagen des Seminars verstärkte sich Karlas Panik. Indem sie langsam verstehen konnte, dass das Symptom ein Ausdruck ihrer Loyalität zum Großvater und zu dessen Opfern war, dauerte es noch Monate, bis sich ihr Symptom langsam besserte.

In diesem Fall wäre es vielleicht sinnvoller gewesen, die Aufstellung zu einem früheren Zeitpunkt zu beenden, als der Großvater an der Schulter der Schuld seine Betroffenheit zeigen konnte. Die Verschlimmerung des Symptoms kann als Anzeichen dafür gewertet werden, dass Karlas Seele für die Lösung noch nicht bereit war.

Bert Hellinger sagt in einem solchen Fall: »Die Toten oder die Opfer wollen keine Sühne, sondern sie wollen Achtung und Würdigung. Das Heilende ist die Achtung.«

THERESA, DIE ERSCHÖPFUNG UND DIE OPFER DES VATERS

Symptom

Psychovegetatives Erschöpfungssyndrom

Gegenwartsfamilie

Theresa ist 58 Jahre alt und verheiratet. Sie hat zwei Kinder und vier Enkel.

Symptomtrance
In der Trance erscheint ein riesengroßer Saurier, der die Vorderbeine auf Theresas Schultern legt. Auf die Frage, was er von ihr möchte, antwortet er: »Ich möchte gesehen werden.« Das ist nicht möglich, auch das Verneigen vor dem Saurier ist Theresa nicht möglich. Während der Saurier auf ihr ruht, empfindet sie keinerlei Angst. Im Gegenteil, sie fühlt sich wohl.

Aufstellung
Aufgestellt werden Theresa und das Symptom. Sie stehen sich gegenüber. Das Symptom sagt: »Ich bin neugierig auf dich.« Theresa weicht zurück. Ich fordere Theresa auf, sich dem Symptom zu nähern. Theresa fällt spontan auf die Knie. Das bringt Erleichterung für sie, das Symptom bleibt ungerührt. Ich stelle Vater und Mutter dazu. Das Symptom findet rasch den richtigen Platz hinter dem Vater. Auf Nachfragen sagt Theresa, dass der Vater im Krieg als unabkömmlich eingestuft war und nicht eingezogen wurde. Als Besitzer einer großen Papierfabrik hatte er Zwangsarbeiter beschäftigt.

Aufgrund dieser Information stelle ich Stellvertreter für die Opfer im Kreis auf. Der Vater und das Symptom stehen in der Mitte des Kreises. Vater und Symptom bleiben unberührt, der Vater interessiert sich nur für Theresa. Da der Vater keinerlei Gefühle zeigt, bitte ich die Opfer, das Symptom und den Vater, sich auf den Boden zu legen. Das Symptom und der Vater legen sich nebeneinander. Ich wähle einen weiteren Stellvertreter für die Schuld und lege ihn auf die andere Seite neben den Vater. Das Symptom fühlt sich überflüssig und zieht sich zurück. Der Stellvertreter der Schuld fühlt sich gegenüber dem Vater unruhig und mit den Opfern sehr verbunden.

Ich fordere Theresa auf, sich vor den Liegenden zu verneigen, was keine Lösung bringt. Ich bitte die Schuld, aufzustehen, und stelle sie hinter die Liegenden. Jetzt fühlen sich die Opfer gut, der Vater ist weiter unruhig. Theresa spürt etwas

Trauer. Nun tausche ich die Klientin Theresa mit ihrer Stellvertreterin aus und fordere sie auf, sich vor die Liegenden zu knien. Die Schuld sagt spontan: »Die Geste ist richtig. Aber das Gefühl stimmt nicht.« Hier beende ich die Aufstellung.

Das Symptom »psychovegetative Erschöpfung« ist ein Ausdruck für die übernommene Schuld des Vaters. Das zeigt sich in der Reaktion des Symptoms auf die Schuld. Als der Stellvertreter der Schuld neben den Vater gelegt wird, fühlt es sich überflüssig und kann sich zurückziehen.

Das Wahrnehmen der Schuld des Vaters und damit auch das Würdigen seiner Opfer war für Theresa nicht möglich. Deshalb gab es in dieser Aufstellung keine Lösung. Zu diesem Zeitpunkt war die wesentliche Verstrickung sichtbar. Das Abbrechen der Aufstellung war eine notwendige Konsequenz, um das, was erreicht werden konnte, wirken zu lassen. Es dauerte noch zwei Jahre, bis Theresa die Schuld des Vaters anerkennen und seine Opfer würdigen konnte. Die Lösung aus der Verstrickung mit »übernommener Schuld« ist für die Klienten der schwerste Teil der Arbeit.

In Karlas Fall sah sie die Lösung und spürte die Kraft, die aus der Lösung kam. Doch dann sank sie zurück in die alte Bindung und das Symptom kam verstärkt zurück. In Theresas Fall konnte sie aus Loyalität zum Vater dessen Schuld nicht wahrnehmen. Würde Theresa die Schuld wahrnehmen, müsste sie die unbewusste Loyalität zu ihrem Vater und den unbewussten Ausgleich (psychovegetative Erschöpfung) für seine Schuld aufgeben.

In diesen Situationen entsteht bei den Klienten immer Angst, die Liebe der Person, für die sie etwas ausgleichen, zu verlieren. Dieser Angst liegt das Phänomen zugrunde, dass nur unbedingte Loyalität die Zugehörigkeit und damit Liebe sichert.

Theresa war sich der väterlichen Liebe nicht sicher genug, um darauf zu vertrauen. Wie in vielen Fällen ist es für die Seele eines Kindes unvorstellbar, dass der geliebte Vater Schuld auf sich geladen hat. Ein Kind will immer den vollkommenen Vater. Erwachsen werden besteht auch darin, den Vater nicht mehr zu idealisieren, sondern ihn so zu sehen, wie er ist, in diesem Fall auch mit seiner Schuld. Lösend wäre es, dem Vater für das Leben und für alles, was er getan hat, zu danken und die Schuld bei ihm zu lassen.

Der Lösungssatz »Ich lasse deine Schuld bei dir!« wird von den Stellvertretern der Täter fast immer angenommen. Sie reagieren erleichtert und beruhigt. Oft sagen sie: »Jetzt habe ich Ruhe.« Ich interpretiere diese Reaktionen so, dass der Schuldige erlöst ist, wenn er endlich zu seiner Schuld stehen kann.

ANKE, DER WASCHZWANG UND DIE SCHULD DES VATERS

Symptom
Wasch- und Kontrollzwang

Gegenwartsfamilie
Anke ist 47 Jahre alt, auf ihren Wunsch kam es zur Scheidung. Sie hat drei Kinder, die nach der Trennung beim Ehemann blieben. Ihr Kontakt zu ihm und den Kindern blieb immer gut. Sie behauptet, der Ehemann liebe sie noch immer.

Seit dem zehnten Lebensjahr, als die Großmutter (Mutter des Vaters) starb, leidet Anke unter diversen Zwängen: Wasch- und Kontrollzwang und dem Zwang, Essen zu verweigern. Sie hat drei Suizidversuche überlebt. Seit dreißig Jahren war sie jährlich einige Wochen in psychiatrischer Behandlung.

Herkunftsfamilie
Der Vater ist heute 74 Jahre alt und lebt mit seiner Lebensgefährtin. Die Mutter starb mit 55 Jahren. Anke war 31 Jahre alt und hatte bereits zwei Kinder.

Verlauf

Anke sagt in der ersten Runde: »Ich kämpfe jeden Tag mit meinen Symptomen, um zu überleben.« Meine spontane Reaktion ist: »Solange du gegen das Symptom kämpfst, wirst du es nicht lösen können. Der erste Schritt ist: Gib deinen Symptomen Raum. Sie sind ein Ausdruck deiner Liebe zu einer Person in deinem System.« Anke reagiert verwirrt, offensichtlich kann sie mit meiner Aufforderung nichts anfangen. Zum Ursprungssystem kann Anke keine Besonderheiten aus der Vergangenheit des Vaters nennen, sie sagt nur: »Ich komme von meinem Vater nicht los.«

1. Aufstellung

Aufgestellt werden Anke und das Symptom. Das Symptom greift Anke von hinten um den Hals und schaukelt mit ihr hin und her. Sie sagt: »Ich fühle mich vollkommen gefangen.« Genauso erlebe ich Anke in der Gruppe, sie wirkt genauso gefangen, wie ihre Stellvertreterin in der Aufstellung. Ich nehme Ankes Vater, ihre Mutter und die Eltern des Vaters dazu und stelle sie in verschiedenen Positionen zueinander auf. Es zeigt sich keine Lösung, selbst eine Richtung ist nicht zu erkennen. Deutlich wird jedoch die enorm starke Bindung zwischen dem Symptom und Anke.

Da diese starke Bindung eine Lösung verhindert, breche ich die Aufstellung ab und sage zu Anke: »Es sieht so aus, als ob du deine Symptome unbedingt weitertragen möchtest. Die Frage ist nur, aus Liebe zu wem?«

Ich gebe Anke die Aufgabe, in der Mittagspause ein Symbol für ihr Symptom zu suchen. Nach der Pause kommt sie mit einem Zweig zurück, den sie lieblos irgendwohin legt. Sie sagt, dass sie während des Suchens nach dem Symbol traurig geworden wäre. Ich antworte: »Das tut sicher gut.« Anke antwortet: »Ich möchte etwas zum Blühen bringen.« Darauf erkläre ich nochmals: »Es ist wichtig, dass du das Symptom lieb gewinnst.

Es ist wichtig, dass du es pflegst und aufhörst, dagegen zu kämpfen.« Anke ist daraufhin sehr traurig und weint. Sie spricht davon, nicht mehr weitermachen zu wollen. Ich gebe ihr zu verstehen, dass ich dies sehr schade fände und mich freuen würde, wenn sie bliebe.

Ich gebe ihr noch eine Aufgabe und bitte sie, alles aufzuschreiben, was sie bisher vergeblich gegen ihre Symptome unternommen habe. Anke reagiert empört, willigt aber ein. Am darauf folgenden Tag kommt sie strahlend in die Gruppe und äußert den Wunsch, sich vor ihrem Vater zu verneigen.

2. Aufstellung

Ohne weiteres Nachfragen stellt sie den Vater und eine Stellvertreterin für sich selbst auf. Der Vater und Anke stehen sich gegenüber. Anke sagt: »Lass mich gehen.« Der Vater erwidert: »Ich kann dich gehen lassen.«

Ich fordere Anke auf, ihrem Wunsch zu entsprechen und sich vor dem Vater zu verneigen. Sie beginnt stark zu zittern, richtet sich auf, lehnt sich mit dem Oberkörper an den Vater und zittert immer heftiger: »Bitte umarme mich als deine Tochter.« Als der Vater sie umarmt, wird das Zittern immer extremer. Ich frage nach: »Ist etwas Schlimmes passiert?« Anke, die der Aufstellung zuschaut, antwortet ausweichend: »Es kommen so Bilder ...« Ich antworte: »Du musst es nicht sagen« und wähle einen Stellvertreter für eine hypothetische Schuld des Vaters.

Die Schuld steht hinter dem Vater. Sofort wird Anke ganz ruhig, lehnt sich zurück und sagt: »Jetzt stehe ich auf meinen eigenen Füßen.« Ich schlage ihr einen Lösungssatz vor: »Du bleibst mein Vater und alles andere lasse ich bei dir.« Anke spricht den Satz und lächelt. Dann wendet sie sich ab und der Vater bleibt mit der Schuld in einem Abstand hinter ihr stehen. Anke sagt: »Jetzt wird es weit.« Der Vater sagt: »So kann ich aufatmen.« Damit ist die Aufstellung beendet.

Verlauf
Am nächsten Tag kommt Anke mit dem Symbol für ihr Symptom, dem Zweig, in die Gruppe. Sie hat ihn in eine Vase gestellt und aus dem Zweig treiben feine Blätter. Sie erzählt, sie habe am Vorabend so viel und so genussvoll gegessen, wie schon lange nicht mehr. Nach drei Monaten bekomme ich unaufgefordert eine Karte von Anke. Sie schreibt, dass sie fünf Kilo zugenommen habe, es gehe ihr gut und sie verspüre keine Zwänge mehr. Sie bedankte sich vielmals.

Obwohl die Schuld des Vaters im Dunklen blieb, brachte die Aufstellung eine Lösung, die nach dreißig Jahren Therapie und bei der Schwere der Krankheitsgeschichte eigentlich unvorstellbar schien. Der erste Schritt in Richtung einer Lösung war die liebevolle Hinwendung zum Symptom als Ausdruck der Bindungsliebe. Der zweite Schritt war eine paradoxe Verschreibung, indem sie alles aufschrieb, was sie bisher erfolglos unternommen hatte. Der dritte Schritt, nämlich der Wunsch sich vom Vater zu verabschieden, kam von Anke selbst und brachte die Lösung.

Ich konnte immer wieder beobachten, dass die Aufdeckung eines Geheimnisses nicht entscheidend sein muss. Im Gegenteil, bleibt das Geheimnis im Dunkeln, wird die Intimität des Systems gewahrt.

An dieser Stelle möchte ich meine Überzeugung, dass Krankheit häufig einen systemischen Sinn hat, unterstreichen. Diese Sicht führt zu einer »Versöhnung« mit der Krankheit, in Ankes Fall zur Aufgabe ihres Kampfes gegen die Krankheit. Da ich von diesen Zusammenhängen überzeugt bin, kann ich der Heilungskompetenz der Klientin Raum geben. Letztendlich war es Ankes Vorschlag, sich vor dem Vater zu verneigen, der die Lösung brachte.

MARION, DIE ZAHNSCHMERZEN UND DER VERLEUGNETE TOTE BRUDER

Symptom
Unerträgliche, immer wiederkehrende Zahnschmerzen

Gegenwartsfamilie
Marion ist 32 Jahre alt und ledig. Sie hat eine sechsjährige Tochter. Mit dem Vater ihrer Tochter hat sie regelmäßigen Kontakt. Sie kann seine Nähe aber nur bedingt ertragen.

Herkunftsfamilie
Marions Eltern leben. Die Mutter hatte vor der Ehe eine Beziehung. Das Einzige, was Marion davon weiß, ist, dass die Mutter von diesem Mann einen Ring besitzt, den sie wie einen Augapfel hütet. Näheres über diese Beziehung konnte Marion auch bei Nachfragen nicht erfahren.

Verlauf
In der ersten Runde äußert Marion, dass sie den Vater ihrer Tochter gerne heiraten würde, es aber einfach nicht kann.

Aufstellung
Aufgestellt werden Marion und das Symptom (Zahnschmerzen). Das Symptom steht hinter Marion und legt die Arme um sie. Es sagt: »So geht es mir sehr gut.« Marion schmiegt sich an das Symptom und schaut dabei in die Ferne. Auch sie sagt, sie fühle sich in diesem Zustand sehr wohl. Auf mein Nachfragen sagt die zuschauende Marion, sie habe immer geglaubt, sie habe einen älteren Bruder. Nun stelle ich den vermuteten Bruder Marion und dem Symptom gegenüber. Das Symptom weicht etwas zurück, so dass Marion zwischen dem Symptom und dem vermuteten Bruder steht. Ich stelle nun den Bruder näher zu Marion, beiden geht es besser. Das Symptom zieht

sich weiter zurück, bleibt aber noch in Sichtweite. Das heißt in diesem Fall, dass das Symptom etwas mit dem vermuteten Bruder zu tun hat, dass es aber noch etwas Ungeklärtes geben muss. Deshalb stelle ich Marions Mutter dazu. Ich stelle sie an den ursprünglichen Platz des Symptoms, hinter Marion. Der vermutete Bruder äußert Angst und will weglaufen. Auch die Mutter ist ablehnend: »Ich will, dass der vermutete Bruder verschwindet.« Der Bruder setzt sich spontan auf den Boden, Marion setzt sich neben ihn. Sie umarmen sich innig. Die Mutter betrachtet die beiden und sagt: »Mir geht es schlecht.«

Jetzt stelle ich den ersten Partner der Mutter neben den Bruder. In diesem Moment sagt das Symptom: »Jetzt bin ich überflüssig«. Nun fordere ich Marion auf, ihrer Mutter zu sagen: »Ich sühne gern für deine Schuld.« Als die Stellvertreterin diesen Satz ausspricht, fühlt sie starke Zahnschmerzen. Die Mutter wendet sich ab. Ich hole einen Stellvertreter für Marions Vater in die Aufstellung und positioniere ihn neben Marion. Beide sagen: »So geht es mir gut.« Außerdem stelle ich Marions vermuteten Bruder und den ersten Partner der Mutter nebeneinander. Auch sie fühlen sich so wohl. Die Mutter bleibt abgewendet und sagt: »So geht es mir am besten.«

Marion traut sich nicht, den Vater ihrer Tochter zu heiraten. Damit folgt sie ihrer Mutter, die den ersten Mann nicht nehmen konnte. Warum das so geschah, wissen wir nicht. Mehr Aufschluss geben die Reaktionen der Stellvertreter in der Aufstellung. Bei dem Bindungssatz von Marion zur Mutter, »Ich sühne gern für deine Schuld«, spürt die Stellvertreterin das Symptom Zahnschmerzen. Die Schmerzen verschwanden, als der Vater neben Marion gestellt wurde und die Mutter sich abwendete. Die Lösung dieser Aufstellung lag in dem letzten Bild: Beide Kinder standen bei ihren Vätern und die Mutter war abgewandt. Das bedeutet, dass die Mutter in ihrem Ursprungssystem gebunden ist. Indem Marion diesem Bild zustimmt, wird sie frei, um ihr eigenes Leben zu leben.

3. Das Symptom als Ausdruck eigener Schuld

HEDWIG, DER SCHMERZ UND DER BETROGENE KINDESVATER

Symptom
Therapieresistenter Dauerschmerz im linken Arm

Gegenwartsfamilie
Hedwig ist 60 Jahre alt. Sie war nie verheiratet und hat keine Kinder.

Aufstellung
Aufgestellt werden das Symptom und Hedwig. Das Symptom will sich hinter Hedwig stellen, wenn diese ausweicht, verfolgt es sie. Das Symptom sagt: »Ich möchte dich packen.« Hedwig antwortet erschreckt: »Was habe ich getan?« Auf Nachfragen, ob es etwas Besonderes in ihrem System gebe, sagt Hedwig, dass sie einmal abgetrieben habe, ohne das Wissen des Mannes, der sie heiraten wollte.

Ich wähle einen Stellvertreter für den Vater des Kindes und stelle ihn neben das Symptom. Der Vater des Kindes ist wütend und sagt: »Warum hast du das getan? Ich habe dich so geliebt.«.

Ich fordere Hedwig auf, dem Vater des abgetriebenen Kindes zu sagen: »Es tut mir Leid! Ich konnte nicht anders.« Es dauert einige Zeit, bis ihr dies gelingt. Das Symptom wird in dem Moment überflüssig, als Hedwig zum Vater des Kindes sagt: »Ich habe es getan, ich trage die Konsequenz und zahle den vollen Preis.« Der Vater des Kindes zieht sich traurig zurück. Unmittelbar nach der Aufstellung verschwanden

Hedwigs Schmerzen und traten auch an den folgenden zwei Tagen nicht mehr auf.

Das Symptom war hier ein Ausdruck der Schuld Hedwigs gegenüber dem Vater des abgetriebenen Kindes. Sie hatte ihm nichts von der Schwangerschaft und der Abtreibung gesagt und ihn so um die Vaterschaft »betrogen«. Das Anerkennen ihres »Betruges« schaffte den Ausgleich, das Symptom wurde überflüssig.

4. Das Symptom als Ausdruck einer unterbrochenen Hinbewegung

ELKE, DER HEUSCHNUPFEN UND IHR VATER

Symptom
Heuschnupfen

Gegenwartsfamilie
Elke ist 56 Jahre alt, verheiratet und hat einen erwachsenen Sohn.

Aufstellung
Aufgestellt werden Elke und das Symptom. Beide stehen sich gegenüber und es zeigt sich eine tiefe Liebe zwischen dem Symptom und Elke. Bei Nachfragen erzählt Elke, dass sie schon immer Schwierigkeiten mit ihrem Vater gehabt habe. Ich stelle einen Stellvertreter für den Vater in einiger Distanz neben Elke auf. Elke und das Symptom bewegen sich aufeinander zu und wenden sich gemeinsam vom Vater ab. Sie verhalten sich wie zwei Geliebte.

Ich bitte Elke, sich dem Vater gegenüberzustellen und langsam auf ihn zuzugehen. Sie zögert und will meiner Aufforderung nicht folgen. Nachdrücklich fordere ich sie auf, den Vater anzuschauen und sich ihm zu nähern. Auch der Stellvertreter des Vaters ist verunsichert. Elke braucht viel Zeit, bis sie zu ihrem Vater sagen kann: »Ich liebe dich. Ich sehne mich nach dir.« Erst dann zeigt auch der Vater Emotionen. Beide umarmen sich innig. Das Symptom steht abseits, es fühlt sich überflüssig und zieht sich zurück.

Das Symptom Heuschnupfen war der Ausdruck der unterbrochenen Hinbewegung zum Vater. Indem die Liebe zwischen Elke und ihrem Vater Raum bekam, verlor das Symptom seine Funktion in Elkes Leben.

HEIDI, DIE MIGRÄNE, UND DIE TRAUER DER MUTTER

Symptom
Migräne

Gegenwartsfamilie
Heidi ist 58 Jahre alt und verheiratet. Sie hat vier Kinder und arbeitet als Psychotherapeutin.

Herkunftsfamilie
Heidis Eltern sind beide gestorben. Als Heidi sieben Jahre alt war, erkrankte ihre Mutter an Kinderlähmung. Sie wurde wieder ganz gesund. Heidi sagt, sie fühle sich seither schuldig.

Symbol
In der Trance sieht Heidi ein Skelett. Als sie die Hände des Skeletts berührt, beleben sich die Arme bis zu den Ellbogen. Sie kann diese Hände nicht mehr loslassen.

1. Aufstellung
Aufgestellt werden Heidi und das Skelett. Heidi stellt das Skelett hinter ihre Stellvertreterin. Diese spürt einen Druck im Kopf. Ich stelle das Skelett Heidi gegenüber. Heidi verspürt Hitze, das Skelett fühlt sich starr. Ich bitte Heidi, sich vor dem Skelett zu verneigen. Sie verneigt sich und sofort geht es ihr viel besser. Dann fordere ich das Skelett auf, sich leicht vor

Heidi zu verbeugen, was es auch tut. Es sagt: »Jetzt fühle ich Leben und Freude.« Heidi fühlt sich weiterhin gut.

Verlauf
Am nächsten Tag sagt Heidi in der Runde, dass es ihr sehr schlecht gehe, sie habe fast nicht geschlafen. Heidi sieht sehr angegriffen aus. Ich sage ihr: »Deine Seele will noch treu bleiben.« Heidi nickt: »Die Mutter hat immer Schwarz getragen, weil bei uns ständig getrauert wurde.« Sie habe aber keine Ahnung, warum und um wen.

2. Aufstellung
Aufgestellt werden Heidi, ihre Mutter und das Skelett. Das Skelett schaut nach außen, Heidi und ihre Mutter schauen in die Gegenrichtung, sie stehen nebeneinander. Ich stelle das Skelett vor die Mutter. Heidi spürt wieder den Druck im Kopf. Der Mutter ist es sehr unangenehm, sie sagt: »Ich bin wütend.« Das Skelett schwankt. Ich fordere Mutter und Heidi auf, sich an den Händen zu nehmen und tief vor dem Skelett zu verneigen. Das Skelett sagt: »Ich fühle ein wohltuendes Kribbeln und möchte mich zurückziehen.« Das Skelett geht einige Schritte zurück.

Die Mutter fühlt sich ruhig. Heidi sagt: »Es geht mir sehr gut, ich kann jetzt auch die Nähe meiner Mutter spüren.« Ich bitte Heidi, sich der Mutter zuzuwenden und zu sagen: »Schön, dass du dageblieben bist.« Die Mutter und Heidi umarmen sich. Das Symptom am Rande der Aufstellung lächelt freundlich.

In meinem Verständnis bedeutet »unterbrochene Hinbewegung«, dass der nährende Fluss der Liebe, in der Regel von Mutter oder Vater oder beiden zum Kind und umgekehrt, gestört ist. In diesem Fall wurde die Liebe zwischen Mutter und Kind durch die lebensbedrohliche Krankheit der Mutter für eine Zeit unterbrochen, zumindest in der Wahrnehmung des Kindes. Das führte bei Heidi zum Ausbruch der Migräne. Warum verschwand das Symptom nicht, nachdem die Mutter wieder genesen war? Eine wissenschaftliche Erklärung gibt es nicht, jedoch lehrt die Erfahrung, dass solche kindlichen Traumata häufig weiter wirken.

Die Rolle des Skeletts in dieser Aufstellung lässt sich nicht eindeutig zuordnen. Ich würde annehmen, dass es sich hier um etwas Schlimmes im Ursprungssystem der Mutter handelt. Das wird durch die Beobachtung der Tochter, dass die Mutter immer getrauert habe, unterstützt. Sowohl die Krankheit der Mutter als auch deren schlimmes Schicksal spielen hier eine wichtige Rolle.

Es kommt noch eine andere Ausprägung der unterbrochenen Hinbewegung zutage: Wenn die Liebe des Kindes die Mutter nicht erreichen kann, weil diese in ihrem System gebunden ist, übernimmt die Seele des Kindes »aus Liebe zur Mutter« das, was diese trägt oder bindet. Diese Verstrickung ist für niemanden eine Hilfe, weder für die Tochter noch für die Mutter. In Heidis Fall bewirkte sie eine Unterbrechung der Liebe. Die Liebe zwischen Mutter und Tochter konnte erst wieder fließen, als sie sich gemeinsam vor dem Skelett (Symbol für das Symptom) verneigten und Heidi das Bleiben der Mutter würdigen konnte.

CLAUDIA, DIE KRANKEN ZÄHNE UND IHR VATER

Symptom

Karies, immer wieder Probleme mit den Zähnen

Gegenwartsfamilie

Claudia ist 38 Jahre alt, ledig und kinderlos. Sie hatte nie eine längere Beziehung.

Herkunftsfamilie
Die Mutter lebt alleine, der Vater starb, als Claudia zwölf Jahre alt war. Die Mutter sagt über den Vater, er sei Alkoholiker gewesen.

Symbol
In der Symptomtrance sah Claudia einen großen, weißen Zahn.

Verlauf
In der ersten Runde sagt Claudia, ihr Anliegen sei es, »ihren Platz zu finden«. Mir fällt auf, dass sie sehr abwertend über ihren Vater spricht, obwohl ihre persönlichen Erinnerungen an ihn positiv sind.

Aufstellung
Aufgestellt werden Claudia und der Zahn. Sie wählt einen männlichen Stellvertreter für den Zahn. Claudia und der Zahn stehen sich gegenüber und schauen sich an. Claudia spürt starkes Herzklopfen, der Zahn sagt: »Ich möchte näher zu Claudia.« Ich fordere Claudia auf, sich dem Zahn zu nähern und ihn dabei ununterbrochen anzuschauen. Während sie näher kommt, verschwindet das Herzklopfen und sie sagt, es würde ihr angenehm warm ums Herz. Ich bitte Claudia, sich vor dem Zahn zu verneigen. Während sie das tut, legt der Zahn liebevoll seine Hände auf Claudias Kopf und sie verneigt sich noch tiefer, was beiden gut tut. Das Symptom sagt: »Jetzt geht es mir gut, ich spüre meine Liebe für Claudia.« Danach richtet sich Claudia auf, das Symptom und Claudia umarmen sich lange. Claudia weint. In den folgenden Tagen war Claudia in der Gruppe ruhig und ausgeglichen.

In der Schlussrunde sagt sie, sie fühle jetzt ihren Platz, obwohl sie überhaupt nichts verstünde und erklären könne.

Bei dieser Aufstellung gab es sehr wenig Informationen. Ich bin bewusst bei den wenigen Anhaltspunkten geblieben. Die Arbeit mit dem Symptom allein hatte eine gute Wirkung, und nur das zählt. Weder mir noch einem Mitglied aus der Gruppe noch Claudia war klar, für wen der Zahn stand. Ich vermutete dahinter den Vater. Genau verstanden, wenn auch auf einer unbewussten Ebene, hat es nur Claudia. »Ihre Seele hatte verstanden.« Das war an der Wirkung erkennbar. Die Zurückhaltung der Therapeutin war in diesem Fall besonders wichtig.

ISABELLA, IHR ASTHMA UND DIE VERSTORBENEN

Symptom
Asthma und Depressionen

Gegenwartsfamilie
Isabella ist 78 Jahre alt und seit zwanzig Jahren verwitwet. Ihr Ehemann starb 1981 bei einem Frontalzusammenstoß mit dem Auto. Sie hatte vier Kinder. Der einzige Sohn verunglückte 1975 tödlich beim Tauchen. Alle drei Töchter haben Familien.

1998 erlebte Isabella als Beifahrerin einen Frontalzusammenstoß im Auto. Die Fahrerin blieb unverletzt, Isabella erlitt einen Bruch des vierten Halswirbels. Seit diesem Zeitpunkt leidet sie unter Asthma. Zugleich trat die Depression auf, die sich in der Folge verstärkte. Isabella kommt auf Initiative ihrer ältesten Tochter zur Aufstellung.

Aufstellung
Aufgestellt werden die Depression und Isabella. Isabella hockt sich spontan auf den Boden, zieht den Kopf ein und rollt sich zusammen. Sie sagt: »Ich fühle mich wie in den Boden ge-

drückt.« Die Depression neigt sich daraufhin zu Isabella herunter und richtet sie auf. Als Isabella aufrecht steht, fällt es ihr sehr schwer, die Depression anzuschauen. Sie sagt: »Ich fühle mich von dir bedroht.« Die Depression sagt: »Ich habe dich lieb.« Ich fordere Isabella auf, näher an die Depression heranzugehen. Beide umarmen sich. Die Depression zeigt ihre Liebe zu Isabella. Diese sperrt sich dagegen und sagt: »Ein Teil in mir wehrt sich. Ich fühle eine Sperre.« Ich bitte die Klientin Isabella, einen Stellvertreter für die Sperre zu wählen. Sie wählt einen Mann und positioniert ihn hinter ihre Stellvertreterin. Die Depression und die Sperre fühlen sich unwohl.

Ich stelle die Depression und die Sperre nebeneinander, Isabella gegenüber. Allen geht es besser. Nun fordere ich Isabella auf, sich vor den beiden zu verneigen. Als sich Isabella wieder aufrichtet, sagt die Depression: »Nun möchte ich mich zurückziehen.« Da sagt Isabella: »Es zieht mich wieder zur Depression.« Erst jetzt frage ich nach Ereignissen in der Familie und erfahre vom Tod des Sohnes und des Ehemannes. Ich stelle einen Vertreter für den Tod hinter die Depression und die Sperre und lasse Isabella sagen: »Ich komme gerne zu euch.« Die Depression und die Sperre äußern wieder Unwohlsein, beiden wird kalt: »Wir wollen das nicht.« Erst als Isabella sagt: »Ich bleibe noch eine Weile, dann komme ich auch«, umarmen sich alle drei spontan. Der Tod steht freundlich dahinter. Die Klientin Isabella, die außerhalb der Aufstellung sitzt, weint. Ihre Stellvertreterin löst sich aus der Umarmung und verneigt sich. Isabella sagt: »Nun kann ich durchatmen.«

Der Erfolg der Aufstellung war erstaunlich. Ein Jahr später war das Asthma nicht wieder aufgetreten und Isabella war entsprechend ihrem Alter aktiv und nahm wie vor dem Unfall rege am Familienleben ihrer Töchter teil.

Die beiden Symptome Depression und Sperre verkörperten meiner Meinung nach den verstorbenen Sohn bzw. den Ehemann.

Welches Symptom für wen stand, war sekundär und blieb unklar. Isabellas Autounfall war der Auslöser für ihre Symptome. Dieses Ereignis erinnerte sie »unbewusst« an den plötzlichen Tod ihres Ehemannes und ihres Sohnes. Diesen Abschied hatte sie nie richtig vollzogen.

Der plötzliche Tod lässt oft keine Zeit für den Abschied. Erst wenn die Liebe dort wieder aufgenommen werden kann, wo sie durch den Tod unterbrochen wurde, kann der Abschied vollzogen werden.

In Isabellas Fall wurde deutlich, wie im Abschied die Verbundenheit bleibt. Indem Isabella sagt: »Ich bleibe noch eine Weile, dann komme ich auch«, kann sie selbst den Schmerz zulassen. Es scheint ein Widerspruch zu sein, dass Loslassen in Verbundenheit leichter fällt. Für mich ist es einleuchtend, denn die Verbundenheit ist ein Zeichen dafür, dass alles, was in der verlorenen Beziehung gut war, weiterwirken darf. Und genau das erleichtert das Loslassen und stärkt das eigene Weiterleben.

5. Das Symptom als Ersatz für Loslassen

GISELA, DIE MAGENSCHMERZEN UND IHR ABSCHIED VOM TOTEN SOHN

Symptom
Chronische Magenschmerzen

Gegenwartsfamilie
Gisela ist 43 Jahre, verheiratet, sie hatte drei Kinder. Das mittlere Kind, ein Junge, ist mit vier Jahren an einer bösartigen Krankheit gestorben. Das Ereignis liegt zehn Jahre zurück und die Frau sagt, sie habe aus diesem Grund schon viele Psychotherapien gemacht. Gisela entschließt sich zu einer Familienaufstellung, weil sie sich mehr an ihren Kindern freuen möchte.

Aufstellung
Aufgestellt werden Gisela, das Symptom und der tote Sohn. Das Symptom steht zwischen Gisela und dem toten Sohn und sagt: »Ich bin mächtig.« Ich fordere Gisela auf, sich dem toten Sohn noch einmal gegenüberzustellen und schiebe das Symptom zur Seite. Gisela soll ihren Schmerz ausdrücken, sie schaut ihren Sohn an und sagt: »Es tut immer noch so weh.« Der Sohn zeigt Erstaunen und antwortet: »Mir geht es gut. Lass mich in Ruhe.« Nun kann Gisela zu ihrem toten Sohn sagen: »Ich lasse dich ziehen.« Als sie diesen Satz ausspricht, entfernt sich das Symptom von den beiden und zieht sich zurück.

Das Symptom »chronische Magenschmerzen« war ein Ausdruck der schmerzlichen ungelösten Bindung an den toten Sohn. Gisela hatte erkannt, dass trotz vorhergegangener Psychotherapie die

Bindung an ihren toten Sohn die Beziehung zu ihren lebenden Kindern noch immer beeinträchtigte. Dass ihre Magenschmerzen damit zusammenhängen könnten, war ihr bis zur Aufstellung nicht klar.

Die Lösung war in dieser Form wahrscheinlich nur möglich, da der Verlust bereits zehn Jahre zurücklag und Gisela in dieser Zeit viel Trauerarbeit geleistet hatte. Indem sie erleben konnte, dass es ihrem toten Sohn »gut ging«, konnte sie ihn loslassen. Bei den Familienaufstellungen zeigt sich immer wieder, dass die lebenden Familienmitglieder an den Toten hängen und nicht umgekehrt. Die Erfahrung, dass es den Toten »gut geht«, hat oft eine befreiende Wirkung.

AGNES, IHRE HÄUFIGEN UNFÄLLE UND DER ABSCHIED VON DER MUTTER

Symptom

Agnes leidet seit zwei Jahren unter wiederholten Unfällen mit Armbruch, Knieverletzung und Rippenprellungen

Gegenwartsfamilie

Agnes ist 65 Jahre alt, ledig und kinderlos.

Herkunftsfamilie

Die Mutter starb vor zwei Jahren. Der Vater ist schon zwanzig Jahre tot.

Aufstellung

Aufgestellt werden Agnes und das Symptom. Die beiden gehen liebevoll aufeinander zu und umarmen sich. Agnes klammert sich geradezu an das Symptom. Ich wähle eine Stellvertreterin für die Mutter und stelle sie neben das Symptom. Das Symptom drängt sich zwischen Agnes und die Mutter.

Ich stelle Agnes der Mutter gegenüber auf und sie sagt: »Ich hätte dich noch so gebraucht, du warst die Einzige in meinem Leben.« Als sie das sagt, weint sie bitterlich und ihre Mutter umarmt sie. Nach einer Weile löse ich die beiden voneinander und bitte Agnes zu sagen: »Danke, es ist genug, ich lasse dich ziehen.« Das Symptom zieht sich zurück.

Zwei Jahre nach dem Tod ihrer Mutter hatte Agnes noch nicht die Kraft, sich »endgültig« zu verabschieden. Die wiederholten Unfälle mit ihren dazugehörenden körperlichen Schmerzen waren ein Ersatz für den Verlustschmerz um die Mutter. Indem Agnes den Schmerz über den Verlust der Mutter erleben konnte, war die Lösung möglich.

Lösen ist für die Betroffenen immer schwer, weil die Lösung den endgültigen Verzicht auf weitere Zuwendung, in diesem Fall auf die mütterliche Liebe, beinhaltet.

6. Das Symptom als Schutz bei Trauma

HANS, DIE DEPRESSION UND DAS TRAUMA DER VERGEWALTIGUNG DER MUTTER

Symptom
Depression, die sich in einer Starre äußert; der Klient »stellt sich tot«

Gegenwartsfamilie
Hans ist 59 Jahre alt, verheiratet und hat zwei erwachsene Kinder. Er kommt mit seiner Frau in die Gruppe. Die Ehefrau leidet mehr unter der Depression als Hans selbst. Der Ehe zuliebe macht er die Aufstellung.

Herkunftsfamilie
Im Alter von fünf Jahren hatte Hans ein schreckliches Erlebnis. Seine Mutter wurde von russischen Soldaten vergewaltigt. Als einer der Russen seiner Mutter helfen wollte, wurde er von seinen Kameraden erschlagen. Der Vater von Hans starb 1948 beim Rücktransport aus russischer Gefangenschaft.

Aufstellung
Aufgestellt werden Hans und das Symptom. Das Symptom sagt: »Ich fühle mich wie auf dünnem Eis, ich darf mich nicht bewegen.« Hans geht es sehr schlecht. Wenn das Symptom näher kommt, fühlt er sich etwas besser, aber vollkommen erstarrt. Ich wähle Stellvertreter für Vater und Mutter und stelle sie dazu. Die Mutter zittert so stark, dass sie sich kaum auf den Beinen halten kann. Ich stelle einen der Täter der Mutter gegenüber. Er sagt: »So ist es.« Die Mutter zittert etwas weniger. Hans, seine Mutter und der Täter legen sich nebeneinander auf den Boden. Die Mutter beginnt laut zu schluchzen.

Auf Nachfrage sagt Hans, dass seine Großmutter (Mutter der Mutter) sich das Leben nahm, als die Mutter zwei Jahre alt war. Nun wird die Großmutter neben die Mutter gelegt und daneben der Täter. Erst als ich auch noch den Vater und Hans dazulege, beruhigt sich die Mutter langsam. Nun stelle ich hinter alle Liegenden den Krieg. Das Symptom, das sich in der Zwischenzeit frei bewegt hat, stellt sich dem Krieg gegenüber. Nun legt sich Hans zwischen Mutter und Vater und bleibt dort so lange liegen, bis sich alle beruhigt haben.

Dann steht Hans langsam auf und verneigt sich tief und lange vor allen Toten: der Mutter, der Großmutter, dem Täter und dem Vater. Nachdem Hans sieht, dass alle Toten »Ruhe haben«, dreht er sich um. Das Symptom will in der Nähe von Hans bleiben und sagt: »Jetzt bin ich die sanfte Erinnerung.«

Gegen Ende der Aufstellung tausche ich Hans und seinen Stellvertreter aus. Die Ehefrau von Hans nehme ich ebenfalls in die Aufstellung hinein. Ich stelle sie Hans gegenüber und bitte sie zu sagen: »Ich lasse dein Schicksal bei dir, mit Liebe. Ich bin deine Frau.«

Das Symptom »tot stellen« schützte den Klienten, der die traumatische Situation in seiner frühen Kindheit nicht verarbeiten konnte. Miterleben zu müssen, wie seine Mutter vergewaltigt und ein Mann erschlagen wurde, war zu viel für Hans.

Im Verlauf der Aufstellung erlebte Hans die Angst der beteiligten Personen, besonders die der Mutter. Der Krieg tritt als Verursacher dieser Leiden auf. Hans konnte das alles mit anschauen und wahrnehmen. Das Verneigen vor allen Toten und dem Krieg ermöglichte den Frieden. Die Verwandlung des Symptoms von »tot stellen« zur »sanften Erinnerung« ermöglicht eine Lösung im Sinne von »Es darf gewesen sein«.

Nach einem Jahr traf ich das Ehepaar auf einem Kongress wieder. Die Frau kam freudig auf mich zu und sagte, ihr Mann habe sich wesentlich verändert. Er selbst lächelte dazu.

7. Das Symptom als Ersatz für Würdigung

JOHANNES, DIE KNIESCHMERZEN UND SEINE KRANKEN GESCHWISTER

Symptom
Immer wiederkehrende Schmerzen in beiden Knien

Gegenwartsfamilie
Johannes ist 43 Jahre alt und in zweiter Ehe verheiratet. Aus der ersten Ehe hat er zwei gesunde Kinder, die zweite Ehe blieb kinderlos. Johannes verließ die erste Ehefrau. Außer den Knieschmerzen leidet er unter Ungeduld und dem Gefühl, davonrennen zu müssen.

Herkunftsfamilie
Der Vater war zweimal verheiratet. Die erste Ehefrau starb. Mit der zweiten Ehefrau hat der Vater neun Kinder. Alle, mit Ausnahme von Johannes, leiden an einer Erbkrankheit (Zystennieren).

Aufstellung
Aufgestellt werden Stellvertreter für alle Geschwister. Ich ordne sie in einer Reihe nach ihrem Alter. Der Älteste steht ganz rechts. Johannes wird nicht vertreten, sondern nimmt selbst seinen Platz ein. Ich fordere den Klienten auf, sich vor jedem seiner Geschwister tief zu verneigen. Schon während des Rituals wird Johannes ganz ruhig. Am nächsten Tag hat er keine Knieschmerzen mehr.

Diese Aufstellung wirkt einfach. Es ist jedoch äußerst schwierig, das »Glück seines Lebens zu nehmen«, wenn, wie in diesem Fall, andere Familienmitglieder vom Schicksal benachteiligt sind. Angesichts des Leids der Geschwister bewirkt die eigene Gesundheit ein schlechtes Gewissen. Johannes würdigt das Schicksal seiner Geschwister, indem er sich vor jedem Einzelnen tief verneigt.

Über den Erfolg der Aufstellung, nämlich Symptomfreiheit, wurde ich sechs Monate später von einer Bekannten von Johannes informiert.

8. Das Symptom als Ausdruck für ein übernommenes Gefühl

HEINRICH, DIE DEPRESSION UND DIE WUT DES VATERS

Symptom
Depression

Gegenwartsfamilie
Heinrich ist 41 Jahre alt und verheiratet. Mit seiner elf Jahre alten, vorehelichen Tochter pflegt er nur unregelmäßigen Kontakt. Aus der Ehe hat er einen eineinhalbjährigen Sohn.

Herkunftsfamilie
Zwischen dem Großvater väterlicherseits und Heinrichs Mutter (seiner Schwiegertochter) existierte eine intime Beziehung.

Aufstellung
Aufgestellt werden Heinrichs Vater, seine Mutter, der Großvater, das Symptom und Heinrich. Schon zu Beginn der Aufstellung zeigt sich die mörderische Wut von Heinrichs Vater auf seinen Vater. Das Symptom stellt sich zum Vater und sagt: »Das ist mein Platz.« Im ersten Schritt stelle ich den Vater dem Großvater gegenüber und fordere die beiden auf, sich lange in die Augen zu schauen. Die Wut des Vaters auf den Großvater ebbt langsam ab. Dann fordere ich Heinrichs Vater auf, zu seinem Vater zu sagen: »Ich danke dir für mein Leben, deine Taten lasse ich bei dir.« Dann stelle ich den Großvater in einem angemessenen Abstand hinter den Vater und ich positioniere Heinrich den beiden gegenüber. Das Symptom steht immer noch neben dem Vater.

Nun gebe ich Heinrich einen Stein in die Hand. Ich sage ihm, er solle alles, was er für seinen Vater getragen hat, also dessen Wut und dessen Depression, in den Stein fließen lassen. Wenn er sich bereit fühle, solle er den Stein dem Vater zurückgeben.

Heinrich befolgt meine Anweisungen. Es dauert mehrere Minuten, in denen er sich nur auf den Stein konzentriert. Dann gibt er seinem Vater den Stein, ohne Worte, aber mit intensivem Blickkontakt. Das Symptom entfernt sich und sagt: »Jetzt bin ich überflüssig.«

Hinter Heinrichs Depression verbarg sich die verdrängte Wut des Vaters auf den Großvater, der mit seiner Frau (Heinrichs Mutter) ein Verhältnis hatte. Heinrich hat aus Liebe zum Vater dessen Depression und die dahinterliegende Wut übernommen. Die Lösung vollzog sich in zwei Schritten: Zuerst zeigte der Vater dem Großvater seine berechtigte Wut und lässt die Verantwortung für seine Taten bei ihm. Im zweiten Schritt drückte Heinrich dem Vater gegenüber seine Ehrerbietung aus und gab ihm symbolisch die übernommene Wut und Depression mit dem Stein zurück.

Das Kind verbündet sich unbewusst immer mit dem benachteiligten Elternteil, in diesem Fall mit dem Vater. Das drückt sich in der Übernahme der verdrängten Gefühle des Vaters aus.

ANNA, DIE RÜCKENSCHMERZEN UND IHRE ONKEL UND TANTEN

Symptom

Therapieresistente Rückenschmerzen; Todessehnsucht

Gegenwartsfamilie

Anna ist 55 Jahre alt und verheiratet. Sie hatte zwei erwachsene Töchter, die ältere Tochter erschoss sich vor zehn Jahren. In der Folge versuchte Anna zweimal sich das Leben zu nehmen. Anna hat Angst, dass sich auch ihre zweite Tochter das Leben nehmen könnte.

Herkunftsfamilie

Beide Eltern sind tot. Annas Mutter überlebte als Einzige von sieben Geschwistern. Zwei Brüder sind in der Pubertät tödlich verunglückt, vier weitere sind vor dem zehnten Lebensjahr gestorben.

Aufstellung

Aufgestellt werden Anna und das Symptom. Anna bewegt sich langsam auf das Symptom zu, umarmt es und schluchzt herzzerreißend. Das Symptom erwidert die Umarmung und stützt sich auf Anna. Als nächsten Schritt stelle ich die verstorbenen Geschwister der Mutter in einem Kreis um sie herum auf. Ich bitte die Mutter, jedes ihrer Geschwister lange anzuschauen. Sie umarmt tief gerührt alle ihre Geschwister. Sehr langsam beruhigt sich die Mutter.

Ich fordere die Stellvertreter auf, den Kreis zu öffnen, so dass alle Geschwister und Annas Mutter in einer Reihe stehen. Nun stelle ich die Großmutter hinter die Reihe der Geschwister. Ich bitte die Mutter, sich vor ihrer Mutter zu verneigen. Nach dieser Würdigung kann sich Annas Mutter an ihre Mutter lehnen und bei ihr Halt finden.

Annas Stellvertreterin steht gegenüber ihrer Mutter und deren Geschwistern. Anna sagt: »Ich möchte zu euch.« Jetzt stelle ich die tote Tochter von Anna, die sich umgebracht hat, neben ihre toten Onkel und Tanten. Anna weint und sagt zu ihrer Tochter: »Es tut mir so Leid.« Die Tochter antwortet: »Ich habe es gerne getan.« Ich bitte Anna, den Platz ihrer Stellvertreterin einzunehmen und zu ihrer Tochter zu sagen: »Ich ehre dein Opfer.« Danach geht es der toten Tochter gut.

Am Ende der Aufstellung verneigt sich Anna tief vor allen Toten. Nun hole ich Stellvertreter für Annas Ehemann und deren Tochter dazu und stelle sie rechts und links neben Anna. Die drei drehen sich um und die Toten stehen in einer Reihe hinter ihnen.

An diesem Fall möchte ich die Dynamik der Aufstellung erklären. Annas Mutter übernahm einerseits das Leid der Großmutter um ihre sechs toten Kinder, andererseits litt auch sie unter dem Tod ihrer Geschwister. Daraus resultierte eine große Lebensangst, verbunden mit der Sehnsucht zu sterben. Dieses Phänomen ist immer wieder zu beobachten, wenn nur einer überlebt. In der Folge übernahm Anna sowohl das Leid als auch die Todessehnsucht der Mutter. Den Selbstmord ihrer Tochter würde ich so interpretieren, dass Annas Tochter anstelle ihrer Mutter zu den Toten ging.

Die Lösung vollzog sich wieder schrittweise. Zuerst würdigt Annas Mutter das Leid der Großmutter. Dann würdigt Anna den Selbstmord ihrer Tochter. Zum Schluss würdigt sie das Schicksal aller Toten, indem sie sich tief verneigt. Danach kann sie sich ihrer Gegenwart, ihrem Mann und der lebenden Tochter, zuwenden.

ANDREA, DAS ASTHMA UND DIE FRAUEN IHRER FAMILIE

Symptom
Asthma bronchiale

Gegenwartsfamilie
Andrea ist 45 Jahre alt und hat zwei Töchter, zwölf und vierzehn Jahre. Sie ließ sich scheiden, als die Töchter drei und fünf Jahre alt waren. Das Asthma trat erstmals nach der Scheidung auf. Danach lebte sie mit einem Mann, der ein Jahr, bevor sie zur Aufstellung kam, mit 49 Jahren an einem Herzinfarkt starb.

Herkunftsfamilie
Die Urgroßmutter mütterlicherseits (Mutter der Großmutter) hatte zwei ledige Kinder und wanderte in die USA aus. Keiner weiß, was sie dort gemacht hat. Sie kam nach vielen Jahren mit viel Geld zurück, kaufte ein Haus und lebte unverheiratet bis zu ihrem Tod.

Die Großmutter ließ sich scheiden, als Andreas Mutter zehn Jahre war. Andreas Mutter ließ sich nach 25 Jahren Ehe scheiden, Andrea ließ sich nach sieben Jahren Ehe scheiden.

Symbol
In der Symptomtrance sieht Andrea Wolken, die sich wie vor einem Gewitter zusammenballen. Als Andrea sich vor den Wolken verneigt, löst sich alles auf. Sie bekommt einen Asthmaanfall.

Verlauf
In der ersten Runde sagt Andrea, ihr Anliegen wäre zu klären, warum sich die Frauengenerationen ihrer Familie immer von ihren Männern trennten. Ich frage sie, warum sie sich getrennt habe, und nehme eine tiefe Verachtung ihrem geschiedenen Mann gegenüber wahr. Deshalb frage ich: »Wer hat mit der Verachtung der Männer angefangen?« Andrea gibt keine Antwort. Ich schlage ihr daraufhin vor, sich ihren Mann und ihren Vater nebeneinander vorzustellen. Hinter ihrem Mann dessen Vater und Großvater, und hinter ihrem Vater dessen Vater und Großvater. Dann fordere ich sie auf, sich vor allen Männern zu verneigen. Andrea zeigt großen Widerwillen. Ich frage: »Was wehrt sich?« Sie antwortet: »Alles!« Daraufhin erwidere ich: »Dann wird es da weitergehen.«

1. Aufstellung
Aufgestellt werden Andrea, ihr geschiedener Mann, die beiden Töchter und ein Stellvertreter für das Symptom (Asthma).

Beide Töchter stehen mit dem Rücken vor Andrea und schauen in dieselbe Richtung. Der geschiedene Ehemann steht etwas abseits. Es geht ihm schlecht. Das Symptom steht hinter Andrea und fühlt sich mächtig. Als ich Andrea auffordere, sich ihrem Exmann zuzuwenden, fühlt das Symptom Erleichterung. Dabei lasse ich es vorerst.

Als Übung gebe ich der Klientin die Aufgabe, jeden Mann, den sie auf der Straße sieht, anzuschauen und im Stillen zu sagen: »Männer sind gut.« Außerdem soll sie aufschreiben: »Was schätze ich an meinem Mann und was schätze ich an meinem Vater.« Da die Verachtung der Männer mehrere Generationen lang gelebt wurde, gebe ich Andrea diese Aufgabe, um ihr eine neue Perspektive zu eröffnen. Zugleich kann sie eine neue Sichtweise gegenüber Männern erleben.

Diese Interventionen können die Verstrickung bewusst machen (Übernahme der Verachtung durch die Frauen ihrer Familie) und so ein eigenes Männerbild zu ermöglichen.

Verlauf

Am nächsten Tag berichtet Andrea in der Runde, sie habe die Aufgabe ausgeführt und dabei verstärkt Asthma bekommen. Außerdem habe sie ihren Vater angerufen und ihm gesagt, sie würde gerne Frieden mit ihm machen. Er habe sich sehr gefreut. Danach habe sie sich wie eine Verräterin gefühlt.

Ich schlage vor, Andrea solle sich Vater und Mutter nebeneinander vorstellen und beiden sagen: »Danke, durch eure Liebe lebe ich.« Ich frage: »Wie ist das?« Andrea spürt nichts. Ich frage weiter: »Wer von deinen Eltern würde sich mehr freuen, diesen Dank zu hören?« Andrea antwortet: »Der Vater« und weint. Daraufhin fordere ich sie auf, sich ihre Mutter vorzustellen und zu sagen: »Du hast ihn geliebt, ich liebe ihn auch.« In ihrer Vorstellung wiederholt Andrea diesen Satz, spürt aber deutlich die Abweisung der Mutter. Dabei lasse ich es und sage: »Es braucht noch Zeit.«

Andrea ist ihrer Mutter, Großmutter und Urgroßmutter in der Verachtung der Männer treu. Das Asthma trat auf, als sie sich von ihrem Mann scheiden ließ. In der Aufstellung fühlt sich das Symptom erleichtert, als sich Andrea ihrem Exmann zuwendet. Das bedeutet, das Symptom ist Ausdruck der unterbrochenen Hinbewegung zum Ehemann und der Preis für die Treue zu den Frauen mütterlicherseits.

Die Lösung wäre, die Loyalität zum Männerbild von Mutter, Großmutter und Urgroßmutter aufzugeben und sich ihrem Mann zuzuwenden. Das ist sicher nur möglich, wenn sie zuerst die Liebe zu ihrem Vater zulassen kann. Diese Liebe erlaubt sie sich nur, wenn die Mutter zustimmt. Als sie mit dem Vater freundlich telefoniert, fühlt sie sich schuldig. Um die Liebe zum Vater zulassen zu können, müsste sie das schlechte Gewissen gegenüber ihrer Mutter überwinden. Andrea erlebt, dass die Mutter dieser Liebe nicht zustimmen kann, da sie wiederum ihrer Mutter gegenüber loyal ist. Die Lösung ist daher zurzeit noch nicht möglich. In diesem Fall ist es wahrscheinlich nötig, dass das Geheimnis der Urgroßmutter ans Tageslicht kommt, da auch Mutter und Großmutter ihr gegenüber loyal waren und sind.

Die Geschichte dieser Klientin ist ein gutes Beispiel dafür, wie eine Krankheit, in diesem Fall Asthma, der Preis für die Treue zum Ursprungssystem sein kann. Von der Seele der Klientin aus gesehen könnte man das so formulieren: »Lieber habe ich Asthma, als die Treue zum Männerbild der Frauen meiner Familie aufzugeben.«

9. Das Symptom in der abstrakten Aufstellung

ELISABETH, DIE PANIK UND DER KONTROLLZWANG UND IHRE MUTTER

Symptom
Panik und Kontrollzwang

Gegenwartsfamilie
Elisabeth ist 35 Jahre alt, ledig und kinderlos.

Herkunftsfamilie
Die Mutter ist 66 Jahre alt und gesund. Der Vater starb vor zwei Jahren mit 66 Jahren akut an einem Herzinfarkt.

Verlauf
Elisabeth ist seit vier Jahren in Einzeltherapie. Sie hat in dieser Zeit drei Familienaufstellungen gemacht, wobei immer wieder sichtbar wurde, dass im Familiensystem der Mutter etwas Schlimmes passiert sein musste. Nachforschungen ergaben, dass der Vater der Mutter im Zweiten Weltkrieg eine chemische Fabrik leitete. Trotz intensiver Bemühungen konnte die Klientin keine Details über die Familie ihrer Mutter erfahren. Im Laufe der Therapie wurde Elisabeth immer bewusster, dass sie aus dem System der Mutter etwas übernommen hatte. Es gab keine Lösung. Ihre sehr belastenden Symptome besserten sich nur geringfügig. Als weitere Möglichkeit schlug ich Elisabeth vor, noch eine Aufstellung zu machen.

Aufstellung
Aufgestellt wurden Elisabeth und das Symptom. Als Stellvertreterin für das Symptom wählte Elisabeth eine Frau. Sie stellte das Symptom und ihre Stellvertreterin in einem Abstand von circa zwei Metern gegenüber auf. Das Symptom blickte während der ganzen Aufstellung freundlich auf Elisabeth und streckte beide Hände einladend nach ihr aus. Die Stellvertreterin von Elisabeth zitterte sehr stark am ganzen Körper und versuchte, die ausgestreckten Hände des Symptoms zu fassen, wobei sie immer wieder in Panik zurückzuckte.

Es dauerte sehr lange (etwa eine Viertelstunde), ohne dass ein Wort gesprochen wurde, bis Elisabeth endlich die Hände des Symptoms ruhig fassen und den liebevollen Blick erwidern konnte. Nachdem Elisabeth und das Symptom sich einige Minuten ruhig und liebevoll angeschaut und angefasst hatten, beendete ich die Aufstellung. Elisabeth ist seither symptomfrei.

Ganz bewusst habe ich auf eine erneute Aufstellung des Ursprungssystems verzichtet. Ich ging von der Vermutung aus, dass die Panik Ausdruck einer übernommenen Schuld aus dem Familiensystem der Mutter war. Diese Übernahme verhinderte den Fluss der Liebe zur Mutter.

Die Lösung bestand darin, die Liebe zwischen dem Symptom und Elisabeth zum Fließen zu bringen. Für wen oder was das Symptom stand, bleibt ungeklärt und ist nicht interpretierbar. Ich habe der Gruppe ausdrücklich verboten, untereinander und überhaupt darüber zu sprechen. Das Geschehene nicht zu »zerreden«, ist entscheidend für die Wirkung.

JOSEF, DIE KREUZSCHMERZEN UND DER SPIEGEL

Symptom
Kreuzschmerzen

Gegenwartsfamilie
Josef, 42 Jahre alt, ledig, kinderlos. Als er 28 Jahre alt war, beging sein bester Freund Selbstmord. Seither leidet er unter Kreuzschmerzen.

Trance
In der Symptomtrance sieht Josef einen Spiegel als Symbol für seine Kreuzschmerzen.

Aufstellung
Aufgestellt werden Josef und ein Stellvertreter für den Spiegel. Josef stellt seinen Stellvertreter und den Spiegel gegenüber. Beiden geht es schlecht. Ich fordere Josef auf, sich vor dem Spiegel zu verneigen. Das fällt ihm sehr schwer. Je länger sich Josef verneigt, desto besser fühlt sich der Spiegel und langsam geht er zurück. Nun hat Josef das Gefühl, irgendetwas fehle noch, aber er wisse nicht was. Auf mein Nachfragen sind keine relevanten Informationen von Josef, der außerhalb der Aufstellung sitzt, zu erfahren. Ich stelle einen Vertreter für das Schicksal hinter den Spiegel. Jetzt sagt Josef: »Ich möchte zum Schicksal.« Das Schicksal umarmt Josef lange, der sich dabei ganz wohl und geborgen fühlt. Der Spiegel zieht sich noch weiter zurück. An dieser Stelle beende ich die Aufstellung.

Aufgrund von Josefs Krankengeschichte kam ich zu dem Schluss, dass der Suizid des Freundes, unabhängig von der Trauer um seinen Tod, eine Bedeutung in Josefs Leben haben musste. Das zeigten Josefs Kreuzschmerzen, die durch den Suizid ausgelöst wurden.

Den Stellvertreter für das Schicksal hatte ich intuitiv aufgestellt und kann bis heute nicht erklären, warum. Josef erlebte die Liebe zum Schicksal, das hinter dem Spiegel (Symbol für das Symptom) stand. Wen oder was das Schicksal verkörperte, blieb im Dunkeln. In diesem Fall ist die Klärung unwichtig, nur die Wirkung zählt. Der Klient war nach der Aufstellung symptomfrei.

HILDE, DIE ÜBELKEIT UND DAS SCHICKSAL BEIDER ELTERN

Symptom
Permanente Übelkeit

Gegenwartsfamilie
Hilde ist 45 Jahre alt und verheiratet. Sie hatte vier Kinder, das erste Kind starb zwei Monate nach der Geburt.

Herkunftsfamilie
Hildes Großmutter war Jüdin und wurde von ihrer Tochter (Mutter der Klientin) während des Krieges versteckt. Der Vater war im Krieg ein Täter. Details konnten nicht in Erfahrung gebracht werden. Die Eltern heirateten ca. 1950, nach dem Krieg.

Verlauf
Die Klientin hat schon sehr viel Psychotherapie gemacht. Ihre Lebenssituation hat sich dadurch wesentlich verbessert. Die Übelkeit kam jedoch immer wieder und war so belastend, dass sie noch einmal eine Aufstellung machen wollte.

Aufstellung
Aufgestellt werden Hilde und das Symptom. Das Symptom äußert, dass noch etwas fehle. Ich wähle einen Stellvertreter für das Schicksal und stelle es dazu. Symptom und Schicksal

stehen sich gegenüber. Hilde steht abseits und fühlt wenig. Ich fordere das Symptom auf, sich vor dem Schicksal zu verneigen, was dem Symptom nicht möglich ist. Dann hole ich Stellvertreter für Vater und Mutter dazu und stelle jetzt Schicksal und Symptom nebeneinander, und gegenüber Vater und Mutter. Ich fordere die Eltern auf, sich zu verneigen. Beide verneigen sich vor dem Schicksal und dem Symptom. Jetzt wird das Symptom überflüssig und zieht sich zurück. Das Schicksal wird ganz ruhig. Der Vater sagt, er habe das Gefühl, sich »eine Ewigkeit lang« verneigen zu müssen. Beide Eltern knien vor dem Schicksal. Hilde steht abseits und weint erlöst. Dieses Bild ermöglicht ihr, das Schicksal der Eltern bei ihnen zu lassen.

Die Übelkeit besserte sich nur langsam. Es dauerte noch ein Jahr, bis Hilde symptomfrei war. In dieser Zeit hat sie sich immer wieder das Bild der beiden Eltern, die sich vor dem Schicksal verneigen, vorgestellt. Hildes Übelkeit würde ich als ein Zeichen ihrer Einmischung in das Schicksal der Eltern interpretieren. Die Aufstellung verdeutlichte, dass die Eltern ihrem Schicksal demütig zustimmten. Dieses Bild wirkte wie eine heilende »Medizin«.

Ich möchte Hilde als ein Kind der Versöhnung bezeichnen. Indem ihre jüdische Mutter und ihr Vater, der wahrscheinlich ein Täter war, geheiratet haben, hat Versöhnung stattgefunden.

In vielen Aufstellungen zeigt sich, dass Versöhnung und Frieden zwischen Opfern und Tätern erst möglich werden, wenn sie zusammengefunden haben. Besonders deutlich wird dies bei der Arbeit mit Verstorbenen. In Hildes Fall ist die Versöhnung zwischen Lebenden erfolgt, nämlich den Eltern der Klientin. Seit sie das in der Aufstellung gesehen und erlebt hat, kann sie ihr Leben auf dem Boden der Versöhnung dankbar nehmen.

SABINE, IHRE DEPRESSION UND DIE GEFANGENE

Symptom
Depression, die als Lähmung erlebt wird

Gegenwartsfamilie
Sabine ist 43 Jahre alt und ledig. Sie hat keine Kinder.

Symbol
In der Symptomtrance tauchen zwei Ritter in Rüstung auf, die eine Frau in ihrer Mitte gefangen halten.

Aufstellung
Aufgestellt werden die Klientin, die beiden Ritter und ihre Gefangene. Die Klientin stellt die Frau zwischen die zwei Ritter und sich gegenüber. Die Ritter fühlen sich schlecht, die Gefangene will Sabine an sich ziehen. Die Stellvertreterin von Sabine weicht zurück. Auch wenn ich Sabine auffordere, sich langsam der Gefangenen zu nähern und sie dabei anzuschauen, entsteht keine Beziehung.

Nun gebe ich der Klientin einen Stein in die Hand und sage zu ihr: »Lass alle deine Lähmung in den Stein fließen, genauso wie du sie spürst. Wenn du bereit bist, dann gib der Gefangenen den Stein und sage: ›Ich lasse es bei dir.‹« Als Sabine den Stein der Gefangenen übergibt, fühlen sich alle erleichtert. Dann drehe ich Sabine um, so dass sie mit dem Rücken zu der Gefangenen und den Rittern steht. Sie fühlt im Rücken noch Druck und kann deswegen nicht weggehen, sie ist noch nicht frei für ihr eigenes Leben.

Da der Druck ein Zeichen für etwas Ungelöstes ist, drehe ich Sabine wieder zurück, also mit dem Gesicht zu den Dreien. Jetzt spürt sie Trauer und sagt, sie fühle sich klein und wolle sich an die Gefangene anschmiegen. Ich fordere sie auf, der

Gefangenen zu sagen: »Dir zuliebe bleibe ich klein und schwach und trage es weiter mit dir.« An dieser Stelle beende ich die Aufstellung.

Die Lösung mit der Rückgabe des Steins, die ich am Anfang der Aufstellung angeboten habe, war zu früh. Sabines Seele war noch nicht dazu bereit. Die Klientin kann sich noch nicht von der Gefangenen lösen. Sie erwartet noch etwas von ihr, weil die Liebe noch unterbrochen ist.

Die Aufstellungen mit Symptomen und Symbolen für die Symptome haben den großen Vorteil, dass bei dieser abstrakten Arbeit die Intimität des Klienten, seines Systems und seines Schicksals gewahrt wird. Die Arbeit mit den Symbolen ist meiner Erfahrung nach besonders hilfreich, da diese Symbole, ähnlich wie Träume, in der Trance direkt aus dem Unbewussten auftauchen. Die Therapeutin sollte sich in der Interpretation der Symbole bzw. deren Zuordnung zu Familienmitgliedern sehr zurückhalten. Für den Klienten ist jede rationale Interpretation bedeutungslos, da »seine Seele weiß, worum es geht«. Das sieht man an der Wirkung, wie beispielsweise im Fall von Josefs Kreuzschmerzen und dem Spiegel.

10. Das Symptom als Ersatz für frühere Partner der Eltern

PETER, DIE ESSANFÄLLE UND DIE ERSTE GROSSE LIEBE DER MUTTER

Symptom
Essanfälle

Gegenwartsfamilie
Peter ist 35 Jahre alt, ledig und hat keine Kinder. Er lebt seit zehn Jahren in einer festen Beziehung.

Herkunftsfamilie
Peters Eltern sind seit 40 Jahren verheiratet. Die Mutter hatte vor der Ehe eine große Liebe. Sie durfte diesen Mann aus religiösen Gründen nicht heiraten. Die Mutter ist Menonitin, der Freund war katholisch. Die Mutter heiratete den Vater des Klienten ein Jahr nach der Trennung.

Symbol
In der Symptomtrance erscheint ein Tanzbär, mit dem der Klient nichts zu tun haben will.

Aufstellung
Aufgestellt werden Peter, der Bär, Vater und Mutter. Der Klient stellt den Bären neben seinen Stellvertreter und beide schauen auf die Mutter. Mutter und Vater stehen sich gegenüber und schauen Peter und den Bären nicht an. Der Stellvertreter des Bären ist wütend und sagt, er möchte, dass die Mutter ihn anschaut. Ich stelle den Bären rechts neben die Mutter und den Vater links neben sie. Alle drei schauen jetzt auf Peter. Die Mutter fühlt sich neben dem Bären ganz schlecht und will zu

ihrem Sohn. Ich lasse Peter zur Mutter sagen: »Ich ersetze dir gerne deinen Geliebten. Du bist mein Ein und Alles.« Die Stellvertreter von Mutter und Peter stimmen zu und sagen: »So ist es gut.« Dabei belasse ich es. In diesem Bindungssatz liegt zu diesem Zeitpunkt die größte Kraft, weil er Ausdruck der Liebe ist.

Die Aufstellung macht deutlich, dass Peter die erste große Liebe der Mutter ersetzt. Die Lösung, die in diesem Fall noch nicht möglich war, wäre zum einen, dass die Mutter zu ihrer ersten Liebe stehen kann. Zum anderen müsste Peter zur Mutter sagen: »Ich bin nur dein Sohn.« Peters Beispiel zeigt sehr eindrücklich, dass ein Kind einen früheren, nicht gewürdigten Partner eines Elternteils vertritt. Dies geschieht immer aus Liebe zu dem Elternteil, der auf die frühere Beziehung verzichten musste, gleichgültig aus welchem Grund.

GERHARD, DIE NEURODERMITIS UND DER ERSTE MANN DER MUTTER

Symptom
Neurodermitis und damit verbundenes Schamgefühl

Gegenwartsfamilie
Gerhard ist 41 Jahre alt. Ursprünglich wollte er Priester werden. Kurz vor der Ordination wurde er aufgrund seines Verhaltens ausgeschlossen. Er war einmal verheiratet, die Ehe wurde nach einem halben Jahr geschieden.

Herkunftsfamilie
Gerhards Eltern leben beide noch. Die Mutter ist Ungarin, mit Gerhards Vater ist sie in zweiter Ehe verheiratet. In erster Ehe war sie in Ungarn verheiratet, sie floh 1956 aus Ungarn. Gerhard weiß nicht, was mit dem ersten Mann der Mutter geschehen ist.

Verlauf
Während der Trance zu Beginn der Gruppe fällt mir auf, dass Gerhard nicht einatmen kann. Ich schlage ihm vor, die Augen zu schließen, bewusst tief einzuatmen und leise zu sagen: »Ich lebe!« Bei dieser Übung sieht Gerhard sich selbst auf einen Berg steigen und dabei tief atmen, was ihm sehr gut tut.

In der nächsten Runde äußert Gerhard, dass er sich aufgrund seiner Neurodermitis immer wieder schämt. Ich frage: »Wer schämt sich mehr, dein Vater oder deine Mutter?« Gerhard antwortet spontan: »Die Mutter.«

Aufstellung
Aufgestellt werden Gerhard, sein Vater und seine Mutter. Nachdem Gerhard die drei Stellvertreter aufgestellt hat, holt er noch einen Stellvertreter für den ersten Mann der Mutter dazu. Mutter und Gerhard stehen sich gegenüber, der Vater steht etwas abseits, der erste Mann der Mutter steht zwischen Gerhard und der Mutter. Die Mutter und ihr erster Mann umarmen sich spontan. Gerhard schaut weg und sagt zur Mutter: »Ich will nicht, dass du den ersten Mann umarmst.« Ich wähle einen Stellvertreter für das Symptom Neurodermitis und stelle es hinter die Mutter. Sie sagt: »Ich fühle mich mit dem Symptom ganz vertraut.« Wenn sie den zweiten Ehemann und ihren Sohn anschaut, schämt sie sich. Nun stelle ich den ersten Mann der Mutter rechts neben sie, der Vater steht in einem Abstand links neben der Mutter. Gerhard steht Vater und Mutter gegenüber. Ich fordere den ersten Mann auf, zur Mutter zu sagen: »Wir gehören zusammen.« Die Mutter sagt: »Ich fühle mich schuldig.« Der Vater sagt: »Ich fühle mich klein.« Gerhard sagt: »Ich bin leer.« Dann stelle ich die Mutter näher zum Vater, so dass der erste Mann der Mutter etwas abseits steht. Der erste Mann beginnt stark zu zittern. Die Mutter sagt zum Sohn: »Nur der erste ist für mich wichtig. Es tut mir Leid.« Darauf umarmen sich die Mutter und Gerhard.

Gerhard fühlt einen Schmerz in der Brust und sagt zur Mutter: »Du hast mich benutzt.« Sie antwortet: »Das stimmt, aber jetzt tut es mir Leid.« Nun schlage ich Gerhard vor, zu ihr zu sagen: »Ich danke dir für mein Leben und ehre die Liebe zu deinem ersten Mann.« Die Mutter weint und sagt: »Es tut immer noch so weh.« Ich fordere Gerhard auf zu sagen: »Jetzt lasse ich dich bei deiner großen Liebe und gehe zu meinem Vater.« Das Symptom Neurodermitis, das während der ganzen Szene hinter der Mutter stand, zieht sich zurück.

Gerhard stellt sich zu seinem Vater, aber er spürt keine Nähe. Daran erkenne ich, dass noch etwas Wesentliches zur Lösung fehlt. Der erste Mann der Mutter steht alleine und zittert immer noch. Ich bitte den Vater, dem ersten Mann zu sagen: »Du bist der erste, ich bin nur der zweite« und sich vor dem ersten Mann zu verneigen. Das bringt dem Vater Erleichterung. Der erste Mann zittert weiter stark. Weder die Liebe der Mutter noch die Würdigung des Vaters bringt für den ersten Mann Erleichterung. Demnach muss es in seiner Geschichte noch etwas »Schlimmes« geben. Also stelle ich einen Stellvertreter für den Tod hinter den ersten Mann, sofort wird er ruhig.

Nun fordere ich die Mutter auf, den Sohn an der Hand zu nehmen, sich mit ihm vor den ersten Mann zu stellen und zum Sohn zu sagen: »Das ist mein erster Mann. Er musste sterben. Sein Tod hat nichts mit dir zu tun.« Dann hole ich noch den Vater dazu. Vater, Mutter und Gerhard verneigen sich tief vor dem ersten Mann und seinem Tod. Daraufhin zieht sich der erste Mann mit dem Tod zurück. Gerhard lehnt sich mit dem Rücken an seine Eltern und atmet tief und ruhig.

In dieser Aufstellung wird das Phänomen deutlich, dass ein Kind den früheren Partner eines Elternteils vertritt. Das Symptom Neurodermitis wird in dem Moment überflüssig, als Gerhard den ersten Mann der Mutter wahrnimmt und ihre Liebe zu ihm würdigt.

An der Reaktion des ersten Mannes, dem es auch nach dieser Würdigung sehr schlecht ging, und der mangelnden Nähe Gerhards zum Vater war offensichtlich, dass die Lösung noch nicht ausreichend war.

Hier möchte ich ein Zitat von Bert Hellinger einfügen: »Der Mann muss, um zum Mann zu werden, aus dem Bannkreis der Mutter in den Bannkreis des Vaters treten.«

Gerhard konnte, solange es dem ersten Mann der Mutter schlecht ging, nicht in den Bannkreis des Vaters treten. Dementsprechend verlief sein bisheriges Leben: Er war nicht in der Lage, befriedigende Beziehungen aufzubauen. Dazu kamen starke körperliche Einschränkungen wie organisch unbegründete Atemnot und ausgeprägte Neurodermitis. Sein volles Leben anzunehmen wurde erst durch die gemeinsame Würdigung des ersten Mannes von Vater, Mutter und Gerhard möglich.

Gerhards Fall veranschaulicht den Prozess der Aufstellung und die ablaufende Dynamik. Aufgrund der Information, dass Gerhards Mutter bereits in erster Ehe verheiratet war, war es nahe liegend, dass er den ersten Mann vertrat. Die Reaktionen der Stellvertreter führten jedoch weiter.

11. Das Symptom in der Paarbeziehung

RAINER, SEIN JÄHZORN UND NINA MIT IHRER SCHWERMUT UND IHREN NACKENSCHMERZEN

Symptome
Nina: Schwermut und Nackenschmerzen
Rainer: Jähzorn

Gegenwartsfamilie
Nina ist 35 und Rainer 37 Jahre alt. Sie haben drei Kinder und wollen endlich heiraten, was nicht gelingt. Die Gründe hierfür sind beiden unbekannt bzw. unbewusst. Dieses Anliegen führt sie zur Familienaufstellung.

Herkunftsfamilie
Ninas Eltern sind österreichische Staatsbürger. Der Großvater mütterlicherseits starb sehr früh. Die Großmutter ist bei der Geburt von Ninas Mutter fast verblutet. Deren Mutter, also Ninas Urgroßmutter, starb im Kindbett.

Rainers Vater floh mit seinen Eltern, also Rainers Großeltern, von Palästina nach Österreich. Er heiratete dort. Rainer wurde in Österreich geboren, fühlt sich aber als Palästinenser.

Aufstellung mit Nina
Aufgestellt werden Nina, ihre Mutter und Großmutter, die ihren Mann früh verloren hatte. Es wird deutlich, dass sich Nina zur Großmutter hingezogen fühlt. Die Mutter zeigt keine Gefühle. Auf Nachfragen sagt Nina, die außerhalb der Aufstellung sitzt, dass die Großmutter bei der Geburt der Mutter fast verblutet sei. Die Urgroßmutter war im Kindbett gestorben. Nun wähle ich noch eine Stellvertreterin für die

Urgroßmutter und stelle die vier Frauen hintereinander auf. Nina steht als Erste, dann die Mutter, die Großmutter und die Urgroßmutter. Ich bitte Nina, ihre Gefühle zu beschreiben. Sie sagt: »Ich fühle keine Verbindung zu den Frauen hinter mir.«

Nun stelle ich Nina gegenüber den drei Frauen. Die Mutter weint. Daraufhin stelle ich die Mutter neben ihre Tochter Nina. Nina sagt: »Mich zieht es zur Urgroßmutter.« Daraufhin stelle ich die Großmutter neben die Mutter, so dass die drei Frauen nebeneinander der Urgroßmutter gegenüberstehen. Ich bitte sie, sich gemeinsam vor der Urgroßmutter zu verneigen. Danach fühlen sich alle wohl.

Ich wiederhole die vorletzte Szene und stelle Nina vor die Reihe ihrer weiblichen Ahnen. Sie lehnt sich an ihre Mutter und sagt: »Jetzt spüre ich meine Kraft und vor allem die Kraft meiner Mutter.« Danach tausche ich die Klientin Nina mit deren Stellvertreterin aus. Die Klientin Nina strahlt.

Verlauf

Am folgenden Tag erzählt Rainer von seinem ihm unverständlichen Jähzorn. Während er berichtet, dass sein Vater und seine Großeltern aus Palästina fliehen mussten, beginnt Nina herzzerreißend zu weinen. Ich frage Rainer: »Weißt du, für wen Nina weint?« Er reagiert erstaunt, dann antwortet er: »Sie weint für mich und meinen Vater.«

Aufstellung mit Rainer und Nina

Ich stelle die Klienten Rainer und Nina gegenüber. Sie schauen sich lange an. Dann fordere ich Nina auf, Rainer zu sagen: »Ich weine deine Tränen.« Rainer zeigt keine Reaktion. Nun wähle ich einen männlichen Stellvertreter für Palästina und stelle ihn hinter Rainer. Rainer sagt: »Ich fühle mich jetzt schwer und traurig.« Nina geht es viel besser. Nun drehe ich Rainer zu dem Stellvertreter von Palästina. Rainer weint und beide umarmen sich spontan. Dann verneigt sich Rainer vor Palästina und

Palästina segnet ihn. Ich bitte Rainer sich umzudrehen, er schaut auf Nina, und Palästina steht hinter ihm. Beide strahlen. Nina sagt spontan zu Rainer: »So sehe ich dich gern.« Ich bitte sie, Rainer zu sagen: »Ich ehre deine Heimat und deine Trauer lasse ich bei dir.«

Nun stelle ich eine Stellvertreterin für Österreich hinter Nina und fordere Rainer auf, zu Nina zu sagen: »Danke, es ist schön bei dir.«

Von der Organisatorin des Seminars erfahre ich, dass das Paar zwei Monate später geheiratet hat.

Um diese Aufstellung zu interpretieren, beginne ich mit Nina. Sie konnte die »weibliche Kraft« ihrer Ahnen fühlen, nachdem der Tod der Urgroßmutter im Kindbett von allen Frauen gemeinsam gewürdigt wurde. Nina hatte einerseits den Schmerz der Mutter und Großmutter über den Tod der Urgroßmutter weitergetragen. Andererseits hat sie aus Liebe zu Rainer dessen Schmerz über den Verlust der Heimat mitgetragen. Nina fühlte unbewusst, dass hinter dem Jähzorn der Schmerz war. Im Gegensatz zu Rainer, der seinen Schmerz nicht ausdrücken konnte, brach sie während seiner Geschichte in Tränen aus.

Die zweite Aufstellung ließ ich die Klienten selbst erleben, ohne Stellvertreter einzusetzen. Für Rainer war es erst möglich, seinen Schmerz zuzulassen, als er mit seiner Heimat Palästina konfrontiert wurde. Für sein Heimatland wählte ich einen männlichen Stellvertreter, da ich annahm, dass Rainer den Schmerz seines Vaters um seine verlorene Heimat weitertrug. Den Jähzorn interpretierte ich als ein Ersatzgefühl für den Schmerz. In der Sprache der Psychologie war der Jähzorn ein Sekundärgefühl und der Schmerz ein Primärgefühl. Nachdem dieser Schmerz von Rainer und Palästina (Vater) Raum bekam, konnte sich Rainer mit seiner Heimat im Rücken ganz seiner Frau zuwenden. Hinter Nina stand ihr Land Österreich. Jetzt konnte er Nina als seine Frau nehmen und Österreich, das ihm zuvor nur Zufluchtsstätte war, als neue Heimat achten.

ROSA, IHR DARMKREBS UND RICHARDS SCHWERMUT

Symptome
Rosa: Darmkrebs mit Metastasen
Richard: Lähmende Schwermut

Gegenwartsfamilie
Rosa und Richard sind seit 40 Jahren verheiratet. Für beide ist die Ehe ihre erste und einzige Beziehung. Sie haben zwei Töchter. Die ältere Tochter starb ein halbes Jahr vor dem Seminar an Brustkrebs. Zwei Monate nach dem Tod hatte die jüngere Schwester einen schweren Autounfall, von dessen Folgen sie sich langsam erholt. Rosas Darmkrebs trat eineinhalb Jahre nach dem Ausbruch der Krankheit bei der ältesten Tochter auf. Robert sagt, er komme seiner Frau zuliebe mit in das Seminar.

Herkunftsfamilie Rosa
Rosas Mutter war vor der Heirat sechs Monate lang in einem Kloster, weil sie ihre erste große Liebe nicht heiraten durfte. Als Rosa dreizehn Jahre alt war, starb ihr Vater an einem Herzinfarkt. Ein jüngerer Bruder von Rosa starb bei der Geburt.

Herkunftsfamilie Richard
Richards Mutter trennte sich von seinem Vater, als er zehn Jahre alt war. Richard sah ihn erst zehn Jahre später wieder und sagt, sein Vater hätte ihn angewidert. Mittlerweile ist der Vater gestorben. Alle weiteren Informationen über Richards Ursprungssystem kommen erst langsam im Laufe verschiedener Aufstellungen und nach intensivem, wiederholtem Nachfragen zutage. Die Großmutter mütterlicherseits starb, als Richards Mutter 16 Jahre alt war. Ein Bruder der Mutter wurde in der Pubertät »aus Versehen« bei einer Jagd angeschossen

und starb. Eine Schwester der Mutter starb jung und soll ein uneheliches Kind gehabt haben, das sie weggegeben hat.

Verlauf
In der ersten Runde spricht Richard zuerst. Das Sprechen fällt ihm schwer, denn er kämpft mit den Tränen: »Wir mussten im letzten Jahr viel aushalten. Rosa wurde dreimal operiert, der Tod der Tochter und der Unfall der anderen Tochter ... es war einfach zu viel.« Richard weint. Rosa sitzt ganz gefasst und ruhig daneben. Als sie an die Reihe kommt, sagt sie ganz ruhig: »Ich habe Krebs mit Metastasen und starke Schmerzen.«

1. Aufstellung Rosa
Aufgestellt werden Rosa und ihre verstorbene Tochter. Rosa und ihre Tochter stehen nebeneinander und beide schauen in eine Richtung. Ich wähle eine Stellvertreterin für den Krebs und stelle sie gegenüber, so dass Mutter und Tochter auf den Krebs schauen. Für beide ist das eine Erleichterung. Der Krebs spürt einen Druck im Kopf. Als ersten Schritt stelle ich den toten Bruder neben Rosa. Der Platz tut Rosa und dem Bruder gut. Für den Krebs verändert sich nichts. Dann wähle ich einen Stellvertreter für die erste Liebe von Rosas Mutter und stelle diesen dazu. Dies bringt keine Veränderung, weder bei der Mutter, der Tochter oder dem Krebs. Deshalb nehme ich den Stellvertreter wieder aus der Aufstellung heraus.

Als zweiten Schritt stelle ich Rosa und ihre verstorbene Tochter gegenüber. Der Krebs steht nun neben der Tochter. Ich bitte Rosa, ihrer Tochter zu sagen: »Ich komme.« Die Tochter antwortet spontan: »Das will ich nicht.« Nun fordere ich Rosa auf zu sagen: »Danke für dein Opfer.« Die Tochter sagt spontan: »Ich habe es gerne getan.« Rosa und ihre Tochter umarmen sich, beide fühlen sich sehr wohl. Für den Krebs hat sich nichts verändert, der unangenehme Druck im Kopf bleibt.

Verlauf
Am zweiten Tag sagt Rosa in der Runde, dass ihre Schmerzen massiv zugenommen hätten. Es gehe ihr sehr, sehr schlecht.

2. Aufstellung Rosa
Aufgestellt werden Rosas Stellvertreterin und ihre Schmerzen. Rosa stellt den Schmerz hinter sich. Auf meine Aufforderung hin, ihren Impulsen zu folgen, geht Rosa hinter den Schmerz und legt ihren Kopf in seinen Nacken. Ich wähle einen Stellvertreter für den Tod und stelle ihn beiden gegenüber. Rosa geht es sofort viel besser. Sie schiebt den Schmerz nach rechts weg und schaut direkt auf den Tod. Der Tod sagt spontan: »Ich habe warme Gefühle und ich habe viel Zeit.« Rosa nähert sich dem Tod, während sie ihn anschaut. Indem sie das tut, fühlt sich der Schmerz überflüssig und zieht sich zurück. Rosa verneigt sich tief und umfasst mit beiden Händen den Tod. Sie sagt: »Es tut so gut, ich fühle mich unglaublich stark.« Dabei lasse ich es. Anschließend lese ich die Geschichte *Der Gast* von Bert Hellinger.

Verlauf
Am dritten Tag wirkt Richard in der Runde sehr aufgewühlt. Er möchte gerne sein Gegenwartssystem aufstellen.

1. Aufstellung Richard
Aufgestellt werden Richard, Rosa und die beiden Töchter. Die Stellvertreter stehen etwas versetzt und schauen in eine Richtung. Da auf meine Frage an Richard, ob es ein besonderes Schicksal in seiner Familie gäbe, keine Information kommt, wähle ich einen Stellvertreter für ein Geheimnis. Ich stelle das Geheimnis der Gruppe gegenüber. Richard will das Geheimnis nicht anschauen und sagt: »Hau ab!« Das Geheimnis fühlt sich bedroht und weicht zurück. Ich drehe das Geheimnis um, so dass es nach außen schaut und stelle die tote Tochter und

Rosa in einer Reihe hinter das Geheimnis. Jetzt sagt das Geheimnis spontan: »So ist es gut, so können wir gehen.« Richard steht etwas abseits, er sagt, er fühle sich allein, aber wohl. Dabei lasse ich es. Rosa, die außerhalb der Aufstellung sitzt, wird wütend.

Verlauf
Am vierten Tag sah Rosa völlig verwandelt aus. In der Runde sagt sie: »Ich fühle mich kräftig und ich bin schmerzfrei.« Richard bringt neue Informationen, die er von seiner Tante (Schwester der Mutter) erfahren hat.

2. Aufstellung Richard
Aufgestellt wird die ganze mütterliche Familie mit dem verstorbenen Onkel, der verstorbenen Tante und dem weggegebenen Kind. Dazu stelle ich einen Stellvertreter für das Geheimnis. In der Folge habe ich alle möglichen Kombinationen der Aufstellung durchprobiert, aber keine Person hat eine Beziehung zu dem Geheimnis oder umgekehrt. Diese Aufstellung brachte kein Ergebnis.

Verlauf
In einer weiteren Runde sagt Robert, er wisse jetzt, dass er ein großes Problem mit dem Geheimnis habe. Daraufhin frage ich ihn: »Was gibt es noch in deiner Familie?« Robert sagt: »Meine Mutter hat meinen Vater verlassen, als ich zehn Jahre alt war, und ihn immer nur schlecht gemacht.« Er selbst hätte ihn, bevor er starb, nur noch dreimal gesehen, aber sein Anblick hätte ihn angewidert.

3. Aufstellung Richard
Aufgestellt werden Richard und sein Vater. Richard stellt den Vater so, dass dieser nach außen schaut, er selbst in die Gegenrichtung. Ich stelle Richard dem Vater gegenüber und warte.

Ich fordere beide auf, sich in die Augen zu schauen. Dann bitte ich Richard, zu seinem Vater zu sagen: »Ich habe dich gefunden.« Es dauert sehr lange, bis ihm das möglich ist. Richard weint und beide umarmen sich lange. Ich nehme die Mutter dazu, sie sagt spontan: »Mir fällt ein Stein vom Herzen.«

Verlauf
Nach dieser Aufstellung fragt Rosa: »Kann es sein, dass ich die Schmerzen von Richard um seinen Vater getragen habe?« Ich antworte: »Ja, das kann sein. Deswegen ist es wichtig, dass du seine Schmerzen bei ihm lässt. Außerdem ist es wahrscheinlich, dass du in deiner Familie für jemanden leidest.« Rosa erwidert ganz schnell: »Ja, für meinen Vater. Er wurde von seinen Eltern weggegeben und ist mit 49 Jahren an einem Herzinfarkt gestorben.«

3. Aufstellung Rosa
Aufgestellt werden Stellvertreter für Rosa und ihren Vater. Sie stehen sich gegenüber. Rosa sagt: »Ich will nicht hinschauen.« Sie geht einen Schritt zurück und sagt nochmals: »Ich will dein Leid nicht sehen, ich trage es lieber für dich.« Der Vater reagiert gerührt. Die Klientin Rosa, die außerhalb der Aufstellung sitzt, nickt heftig. Ich bitte den Vater, der Tochter zu sagen: »Du bist meine liebe Rosa«, und beide umarmen sich. Nun tausche ich die Klientin Rosa mit deren Stellvertreterin aus. Rosa weint heftig in der Umarmung des Vaters, langsam wird sie ruhiger.

Nun gebe ich Rosa einen Stein in die Hand und sage ihr: »Lasse alles, was du aus Liebe zu deinem Vater getragen hast, hineinfließen und gib es ihm, wenn deine Seele bereit dazu ist. Sage dazu ›Dein Leid lasse ich bei dir.‹« Nachdem Rosa das getan hat, fordere ich sie auf, ihrem Vater zu sagen: »Danke für mein Leben, bitte segne mich, wenn ich noch bleibe.« Der Vater segnet die Tochter. Hier beende ich die Aufstellung.

Drei Monate nach dem Seminar bekam ich einen Brief von Richard, in dem er mir von dem Tod seiner Frau schrieb. Sie sei ruhig gestorben und es gehe ihm besser, als er erwartet hätte. Er bedankt sich für meine Arbeit.

Besonders berührend empfand ich während des viertägigen Seminars die große Liebe, die zwischen den Ehepartnern spürbar war. Auffallend war der frühe Verlust des Vaters bei Rosa und Richard. Vielleicht hat diese Tatsache das Verständnis füreinander erleichtert. Aufgrund der Komplexität beider Familiensysteme und der großen Anzahl an früh verstorbenen Personen wäre auch ein anderer Ausgang der Aufstellung denkbar gewesen. Es sah so aus, dass der Tod der gemeinsamen Tochter etwas mit dem Geheimnis aus dem Familiensystem des Vaters zu tun hatte und Rosa dem gefolgt ist. Obwohl mir nach Rosas positiver Reaktion auf den Tod eigentlich klar war, dass sie sterben würde, suchte ich nach weiteren Lösungen. Auch mir fiel es in diesem Fall schwer, das endgültige Bild anzunehmen. Anders Rosa, ihr ging es nach der Aufstellung mit dem Tod sehr viel besser, vor allem konnte sie ohne Schmerzen sterben.

MATHILDE, IHRE CHRONISCHEN BLASENENTZÜNDUNGEN UND MATTHIAS UND SEINE »BLACKOUTS«

Symptome
Mathilde: chronische Blasenentzündungen
Matthias: »Blackouts« nach Alkoholgenuss

Gegenwartsfamilie
Mathilde ist 52, Matthias 56 Jahre alt. Sie sind seit 28 Jahren verheiratet und haben zwei erwachsene Kinder. Nach dem Tod ihres Vaters, der seit 15 Jahren im Haushalt der Eheleute wohnte, trennte sich Mathilde von ihrem Mann und zog nach Südfrankreich.

Herkunftsfamilie
Mathilde: Die Mutter starb vor 15 Jahren, seither lebte der Vater in Mathildes Familie. Der Vater starb mit 98 Jahren, das liegt zwei Jahre zurück. Die erste Frau des Vaters starb 1945. Sie war seine große Liebe.

Matthias: Die Mutter starb an Krebs, als Matthias 23 Jahre alt war. Der Vater starb zehn Jahre später. Matthias ist der jüngste von sechs Brüdern.

Verlauf
Matthias kam wegen seiner Blackouts nach Alkoholgenuss zur Einzeltherapie. In diesen Zuständen zeigte er Symptome von Autoaggression, die fast suizidal wirkten. Danach konnte er sich an nichts mehr erinnern. Seine Frau drohte immer wieder, ihn zu verlassen. Nachdem sie sich von ihm getrennt hatte, konnte Matthias zu einer Familienaufstellung überredet werden. In der Aufstellung des Gegenwartssystems zeigte sich, dass die Beziehung keine Chance hatte. Die Ehefrau war gebunden. Er schrieb das Ergebnis der Familienaufstellung seiner Frau, was ihr Interesse an der Beziehung wieder weckte.

Vier Wochen später stellten wir das Ursprungssystem auf. Matthias hatte erzählt, dass eine Schwester der Mutter im Krieg nach Russland verschleppt wurde und erst 1950 vollkommen zerstört wieder zurückgekommen war. Sie lebte bis zu ihrem frühen Tod mit in der Familie. In der Familienaufstellung konnte Matthias das Schicksal dieser Tante würdigen. Anschließend fühlte sich Matthias vollkommen befreit.

Er begann das Leben zu genießen, der Alkoholkonsum führte nicht mehr zu den gefürchteten »Blackouts«. Er »traute« sich wieder, ein Glas Wein zu trinken. Matthias ging eine kurze Beziehung zu einer anderen Frau ein. Seine Ehefrau wurde durch die neuen Seiten ihres Mannes, die sich plötzlich zeigten, so verunsichert, dass auch sie sich für eine Familienaufstellung entschied.

Sehr rasch zeigte sich in der Aufstellung von Mathildes Ursprungssystem, dass sie ihrem Vater dessen erste Frau ersetzt hatte. Nachdem sie diese Zusammenhänge erkannte, war sie frei. Sie kam zurück zu ihrem Ehemann. Seither hatte sie keine Blasenentzündungen mehr.

Ein halbes Jahr später bekam ich einen Brief, in dem mir beide mitteilten, dass sie so glücklich miteinander seien wie noch nie vorher in ihrem Leben. Vor allem konnten sie ihre Sexualität genießen. Da das Symptom Blasenentzündung meist mit der weiblichen Sexualität zu tun hat, ist es verständlich, dass Sexualität mit dem Ehemann nach der Lösung der Identifikation mit der ersten Frau des Vaters erstmals unbeschwert erlebt werden konnte.

Der Fall von Mathilde und Matthias ist eine Art Lehrbeispiel, wie Verstrickungen im Ursprungssystem der Partner die Gegenwart belasten können und wie deren Lösung das Glück in der Partnerschaft freisetzen kann.

Schlussbetrachtungen

Mut zum Hinschauen

Den Satz, »Ich wollte schon lange eine Familienaufstellung machen, habe mich aber nicht getraut«, höre ich oft. Die Ursache der Zurückhaltung lässt sich leicht mit der Angst vor dem Verlust der Zugehörigkeit zum Familiensystem erklären. Besonders wenn das Familienstellen in der Gruppe geschieht, haben viele Klienten Vorbehalte und drücken diese meist zu Beginn des Seminars aus.

Am Anfang jeden Seminars mache ich eine Trance, in der ich den Ängsten Raum gebe. In ihrer Vorstellung beziehungsweise in der Trance können sich die Klienten von einem Familienmitglied die »Erlaubnis« zum Familienstellen holen. So wird diese Hemmung ernst genommen und den Ängsten Raum gegeben. Dennoch müssen die Klienten ein gewisses Maß an Mut entwickeln, um an einer Familienaufstellung teilzunehmen. Sie müssen die Angst überwinden, auch Familiengeheimnisse, die bisher tabu waren, aufzudecken. Das Hinschauen auf die Verstrickungen in der eigenen Familie ist oft unangenehm und manchmal auch schmerzhaft und schockierend.

In vielen Fällen ist der individuelle Leidensdruck die wesentlichste Triebfeder zur Entscheidung, an einer Familienaufstellung teilzunehmen. Muss der Leidensdruck wirklich so hoch werden, frage ich mich oft, da dieser Grund die Klienten häufig sehr spät zur Familienaufstellung bringt.

Auch wenn sich viele Fallbeispiele sehr dramatisch lesen, sind diese »schlimmen Schicksale« in der Familiengeschichte keineswegs eine Voraussetzung für eine lösende Aufstellung. Vielmehr deuten auch so genannte normale Probleme und alltägliche Krisen auf Ungelöstes in der Familie. Auch hier stoßen wir wieder an Barrieren, aufgebaut durch die Loyalität zum Schutz der Familienzugehörigkeit.

Auffallend ist, dass viel mehr Frauen zum Familienstellen kommen als Männer. Diese ungleiche Verteilung deckt sich mit den Erfahrungen in anderen Psychotherapien. Auch hier sind die Erklärungen vielfältig. Zum einen dürfen Frauen eher als Männer zugeben, dass sie leiden. Zum anderen fühlen sich Frauen im Vergleich zu Männern in der Regel eher zuständig für das Wohlbefinden in ihren Beziehungen. Sie »managen« Familie und Partnerschaft auch auf der psychohygienischen Ebene. Der dritte Grund könnte in der Struktur unserer Gesellschaft liegen, die ich immer noch als eine männlich dominierte bezeichnen möchte. Männer haben sehr viel mehr Möglichkeiten, ihre Probleme zu kompensieren. Konflikte werden in den Familien oft nicht direkt ausgetragen, sondern auf andere Schauplätze – Sport oder Arbeitswelt – verschoben.

Diese Dynamiken konnte ich immer wieder beobachten. Mein therapeutisches Ziel ist es, Männern ebenso wie Frauen mehr Verantwortung und Bewusstsein für ihre familiären Beziehungen zu ermöglichen.

Mut zur ganzheitlichen Psychosomatik

Auch bei den behandelnden Ärzten und Therapeuten ist Mut die Voraussetzung, um eingefahrene Wege zu verlassen und neue Ansätze in die Behandlung aufzunehmen. Einerseits wird die Psychosomatik von Kollegen immer mehr akzeptiert, andererseits bleibt sie meistens auf Beschwerden ohne fassbare organische Ursachen, so genannte funktionelle Störungen beschränkt. Erst wenn mit allen schulmedizinischen Untersuchungs- und Therapiemethoden kein Erfolg erzielt werden kann, wird Psychotherapie auch von Schulmedizinern empfohlen, und erst dann kommen die Patienten zur Familienaufstellung.

Damit sich die gängige Praxis »Wenn nichts mehr geht, kann man auch Psychotherapie probieren« verändert, muss die Haltung von Patienten und Ärzten eine andere werden. Für die Patienten bedeutet die Diagnose ihrer organischen Krankheit oft eine Erleichterung. Entsprechend den »Ordnungen der Liebe« bleiben sie unbewusst ihrem Familiensystem treu, bewusst geben sie die Verantwortung für ihre Gesundheit beim behandelnden Arzt ab.

Meiner Erfahrung nach sind die Verstrickungen bei organisch manifesten Krankheiten oft viel tiefer und schwerer und deswegen dringender zu behandeln. Gerade weil ich die Errungenschaften der Schulmedizin kenne und schätze, ist die Arbeit mit dem Familienstellen eine wunderbare Ergänzung für mich. In diesem Sinne möchte ich wiederholen: »Körper und Psyche sind identisch.« Dass dieser Ansatz mehr Verbreitung und Akzeptanz in der Schulmedizin findet, war mit ein Grund für mich, das vorliegende Buch zu schreiben.

Mut zur Liebe

Durch die Liebe entsteht unser Leben. Liebe ist die Triebfeder unserer Sehnsüchte und Wünsche und damit die Basis aller Verstrickungen. Diese Erkenntnis hat sich während meiner 16-jährigen Arbeit mit dem Familienstellen nach Bert Hellinger langsam herauskristallisiert.

Ich möchte sogar so weit gehen, Symptome und Krankheiten als Ausdruck der Bindungsliebe, also der Liebe zu allen Mitgliedern einer »Sippe« zu sehen. Die Bindungsliebe ist immer bestrebt, den Ausgleich für schlimmes Schicksal herzustellen. Sie funktioniert auf der Basis von Bindung, Ordnung und Ausgleich. Wenn Ausgleich auch als Versöhnung im System gesehen wird, dann sind Krankheiten und Symptome »Wege der Versöhnung«. Viele Familienaufstellungen zeigen diese beschriebene Dynamik. Sie ist immer unbewusst und lässt sich als Prozess beschreiben:

Durch das Familienstellen kann in einem ersten Schritt das Unbewusste ins Bewusste gehoben werden.

Der zweite Schritt ist die Auseinandersetzung mit dem, was sichtbar wird, und die Erkenntnis, dass die Krankheit oder das Symptom ein Ausdruck der Bindungsliebe ist.

Der dritte Schritt macht diese Erkenntnis erlebbar. Dass auch schreckliche und traurige Ereignisse im Familiensystem aus Liebe geschehen, gilt es anzuerkennen. Den damit verbundenen Gefühlen Raum zu geben, führt zur Versöhnung, mit allem Schweren, worunter der Klient bisher gelitten hat, wozu auch Krankheit und Symptom gehören. Die Familienaufstellung dient hier als Wegbereiter. Wenn das gelingt, kann ich dankbar nehmen, was ich bekommen habe, meinem Schicksal zustimmen und ein erfülltes Leben leben. Wenn ich mich dieser Form der Liebe öffne, setze ich einen Prozess in Gang, der mich mein Leben lang begleitet.

Danksagung

Mein ganz besonderer Dank gilt meiner Co-Autorin Christine Brugger, die es hervorragend verstanden hat, das komplexe Material, das ich in den vielen Jahren gesammelt habe, in eine gute lesbare Form zu bringen. Ohne sie wäre das Buch nie geschrieben worden.

Zu danken habe ich auch den Freunden und Kollegen, die die Entstehung des Buches konstruktiv begleitet haben: Sabine und Helmut Eichenmüller und Reinhard Weber.

Von Dr. Gundl Kutschera habe ich gelernt, auf die Lösung zu schauen, und meine Klienten lehrten mich die Vielfalt des Lebens und den Respekt davor.

Ohne die Hilfe eifriger Protokollanten wären die Fallbeschreibungen der Familienaufstellungen im vorliegenden Buch nicht zu Stande gekommen. Ihnen allen, besonders Bernhild Kathan und Rita Troxler, einen herzlichen Dank.

Schließlich möchte ich Bert Hellinger, der mir Vorbild und Lehrer ist, von Herzen danken. Von ihm habe ich gelernt, »anzuerkennen, was ist«, genau hinzuschauen und immer weiter zu lernen.

Literatur

Bauriedl, Thea: *Wege aus der Gewalt. Analyse von Beziehungen*. Freiburg 1997

Bökmann, Martin: *Mit den Augen eines Tigers*. Heidelberg 1999

David-Néel, Alexandra: *Die geheimen Lehren des tibetischen Buddhismus*. Satteldorf 1998

Dilts, Robert B./Smith, Suzi/Hallbom, Tim: *Identität, Glaubenssysteme und Gesundheit. Höhere Ebene der NLP-Veränderungsarbeit*. Paderborn 1990

Erickson, Milton H./Rossi, Ernest L./Rossi, Sheila L.: *Hypnose. Induktion – therapeutische Anwendung – Beispiele*. Stuttgart 1998

Hellinger, Bert/Hövel ten, Gabriele: *Anerkennen was ist. Gespräche über Verstrickung und Lösung*. München 1996

Hellinger, Bert: *Die größere Kraft. Bewegungen der Seele bei Krebs*. Heidelberg 2001

Hellinger, Bert: *Die Mitte fühlt sich leicht an. Vorträge und Geschichten*. München 1996

Hellinger, Bert: *Die Quelle braucht nicht nach dem Weg zu fragen*. Heidelberg 2001

Hellinger, Bert: *Entlassen werden wir vollendet*. München 2001

Hellinger, Bert: *Religion und Psychotherapie*. München 2000

Hellinger, Bert: *Schicksalsbindungen bei Krebs. Ein Buch für Betroffene*. Heidelberg 1997

Hellinger, Bert: *Verdichtetes. Sinnsprüche – kleine Geschichten – Sätze der Kraft*. Heidelberg 1995

Imber-Black, Evan: *Die Macht des Schweigens. Geheimnisse in der Familie*. München 2000

Imber-Black, Evan: *Geheimnisse und Tabus in Familie und Familientherapie*. Freiburg i. Breisgau 1995

Imber-Black, Evan/Roberts, Janine/Whiting, Richard A.: *Rituale. Rituale in Familien und Familientherapie*. Heidelberg 2001

Kast, Verena: *Wege aus Angst und Symbiose. Märchen psychologisch gedeutet*. Meilen 1981

Madelung, Eva: *Trotz und Treue. Zweierlei Wirklichkeit in Familien*. Heidelberg 1998

Neuhauser, Johannes: *Wie Liebe gelingt. Die Paartherapie B. Hellingers*. Heidelberg 1999

O'Conner, Joseph/Seymour, John: *Neurolinguistisches Programmieren: Gelungene Kommunikation und persönliche Entfaltung*. Kirchzarten 1993

Satir, Virginia: *Kommunikation – Selbstwert – Kongruenz. Konzepte und Perspektiven familientherapeutischer Praxis*. Paderborn 1990

Schlippe, Arist von/Schweitzer, Jochen: *Lehrbuch der systemischen Therapie und Beratung*. Göttingen 1996

Selvini, Matteo: *Mara Selvinis Revolutionen. Die Entstehung des Mailänder Modells*. Heidelberg 1992

Weber, Gunthard, *Zweierlei Glück. Die systemische Psychotherapie B. Hellingers*. Heidelberg 1993